KB214962

성경으로 풀어가는 역사인문학

서대인 지음

머리말

성경은 종교 신화의 책이 아니라 역사의 책입니다. 특이한 점은 성경이 하나님의 예언과 그 예언의 성취가 역사적으로 기록된 책이라는 사실입니다. 미래의 예언이 현재에 성취되고 거기서 시간이 조금만 흘러가면 역사로 기록되는 삼박자가 맞아 들어가는 책이 성경입니다. 미래·현재·과거가 융합된 유일무이唯一無二한 책입니다.

역사의 예언자, 성취자, 완성자이신 예수님과 성경책에는 지혜와 지식의 모든 보화가 감추어져 있습니다.골2:3 지금 펼치는 이 책이 성경과 예수님 안에 감추어진 보화를 드러내며 독자 여러분에게 최고의 지혜와 지식과 능력을 주는 하나님의 선물이 되길 소망합니다.

파스칼은 은혜의 체험을 받고 "아브라함의 하나님, 이삭의 하나님, 야곱의 하나님이 나의 하나님이 되시다", "성령의 불이 나의 불이 되다"라고 글을 적은 메모를 평생 양복주머니에 간직하고 다녔습니다. 이 책을 읽는 여러분도 이스라엘의 역사, 교회의 역사, 신앙 영웅들의 역사가 자신의 역사가 되도록 힘썼으면 합니다. 종국적으로는 예수 그리스도의 역사에 동참할 수 있을 것입니다.

그러기 위해서는 역사를 알고 기억해야 합니다. '역사는 기억 투쟁이다'라는 말이 괜히 있는 것이 아닙니다. 이스라엘의 원역사를 역사철학으로 총정리한 신명기는 우리에게 이렇게 명하고 있습니다.

> 아득한 옛날을 회상하여 보아라. 조상 대대로 내려온 세대를 생각하여 보아라. 너희의 아버지에게 물어보아라. 그가 일러줄 것이다. 어른들에게 물어보아라. 그들이 너희에게 말해 줄 것이다. 신32:7

순천자존順天者存 역천자망逆天者亡이란 말처럼 하나님께 순종하는 자는 영존하고, 불순종하는 자는 망합니다. 저는 독자들이 이 책을 통해 이전보다 더 하나님께 순종하고, 하나님의 꿈을 꾸고, 하나님께 뜻을 정함으로 다니엘처럼 온전한 신앙인이자 세계적인 전문가로 성장하기를 축복합니다.

◎ ◎ ◎

2016년 하나님의 은혜와 복된 사람들과의 만남을 통해 광주성산성결교회에서 성산처치홈스쿨이 시작되었습니다. 부모들이 교회에 모여 자녀들을 가르치고 양육하는 그 귀한 학교에서 저는 '역사 인문학'을 가르치게 되었습니다.

세상에서 제일 어렵다는 예비군 강의도 해봤지만, 처치홈스쿨에서 강의를 한다는 것이 쉬운 일만은 아니었습니다. 영유아부터 초등학생은 물론 그 부모들까지 한자리에 놓고 강의를 해야 했기 때문입니다. 특별히 '어린 친구들에게 과연 잘할 수 있을까?' 고민이 되었습니다. 그래서 기도하며 하나님의 지혜와 능력을 간구했습니다.

그렇게 모두를 위한 '예수 역사 인문학' 강의가 시작되었습니다. 그 강의가 모이고 모여 이렇게 『성경으로 풀어가는 역사 인문학』이란 책으로 출판될 것이라고는 꿈에도 생각하지 못했습니다. 제 아내의 권면대로 쉬우면서도 재미있고, 단순명쾌하게 쓰려고 노력했습니다. 기본적으로 청소년과 부모들이 함께 읽으며 성장할 수 있는 내용으로 구성하되 그보다 어린 아이들도 가능한 이해할 수 있도록 많은 기도를 하며 준비했습니다.

이 책이 나오기까지 감사해야 할 분들이 많습니다. 지혜와 계시의 영을 허락하사 강의와 출판을 섭리해주신 하나님, 예수 역사 인문학 강의에 함께한 성산처치홈스쿨의 자녀들과 부모 선생님들, 특별히 교감으로 수고해 온 고정석·두진영 전도사 부부, 강의를 책으로 출판하도록 강권하고 기획한 이송용·정해영 선교사 부부, 기쁨으로 자원하여 오랜 시간 동안 녹취와 편집의 수고를 한 거제의 이달현·강혜숙 선생 부부, 사랑하는 광주성산성결교회 당회원 및 성도님들, 그리고 아내 정영숙과 한별, 관, 은진, 혜리에게 진심으로 감사를 드립니다.

2022년 11월 1일

도신道臣 서대인 목사

“신앙은 저 높은 곳을 향하여,
생활은 저 낮은 곳을 향하여!”

_서대인

목차

역사를 제대로 알려면

성경 속의 세계 역사

하나님은 주관자 우리는 대리자

성경 인물 열전

가

역사를 제대로 알려면

1강

세상 모든 지식의 근본은 성경이다

성경과 인문학

인류는 오랫동안 문사철文史哲과 시서화詩書畵를 세계를 알아가는 인식의 틀로써 사용해왔습니다. 문사철은 문학, 역사, 철학을 의미하며 시서화는 시, 글씨(서체), 그림을 의미합니다.

성경에는 문사철이 다 들어있습니다. 보통 문사철은 이성을 훈련하는 공부, 시서화는 감성을 훈련하는 공부라고 하지요. 특별히 문사철은 언어·개념·논리가 중심이 된 문학 서사 양식으로, 이것을 공부하는 것이 인문학입니다. 인문대학에

가면 문학, 철학, 역사를 기초에서부터 폭넓게 공부할 수 있습니다. 하지만 이 글을 읽는 여러분에게 성경을 100번만 읽으면 누구나 문사철, 곧 인문학의 대가가 될 수 있는 자질을 갖추었다고 말하고 싶습니다. 그 근거를 들어볼까요?

첫째, 성경은 그 자체가 문학(이야기)입니다. 창조 이야기로부터 노아의 홍수 이야기, 이방 여인 룻의 이야기, 그리고 예수님의 구원 이야기와 바울의 전도여행 등 수 많은 이야기가 기록되어 있습니다. 고전 중에도 고전이 되는 귀한 이야기들이죠. 그렇기에 성경을 많이 읽는 사람은 인문학을 못할 수가 없습니다.

조선의 선비들은 문방사우文房四友를 가지고 다녔습니다. 시집과 시 비평서를 항상 가지고 다니면서 가는 곳마다 명시를 암송하고, 자신의 시를 지었습니다. 여러분도 시편을 암송해보고 다윗처럼 자신의 시편을 한번 써 보기 바랍니다.

둘째, 성경은 세상의 모든 역사책보다 심오하게 인류의 역사를 이야기해주고 있습니다. 인류의 기원부터 시작해서 역사의 종말까지를, 그것도 창조주, 구원자, 심판자 되시는 하나님과 연관시켜 보여주고 있습니다.

성경은 하나님을 아브라함의 하나님, 이삭의 하나님, 야곱의 하나님, 요셉의 하나님으로 소개하는데, 아브라함, 이삭, 야곱, 요셉과 같은 족장들은 세계사와 연결되는 역사적 인물들입니다. 또한 그 역사적 인물들의 삶이 영적으로는 예수 그리스도와 연결되어 있습니다.

놀라운 일은, 그 역사적 인물들의 하나님이 바로 오늘을 살아가는 나의 하나님임을 성경이 가르쳐주고 있다는 사실입니다. 그뿐이 아닙니다. 성경은 우리 후손의 미래까지도 예언으로 가르쳐주고 있습니다.

성경과 철학

셋째, 성경은 가장 심오한 철학 책입니다. 성경에는 인간으로서 할 수 있는 가장 근원적이고 궁극적인 질문이 담겨 있고, 그에 대한 하나님의 참된 답변도 나와 있습니다. 철학이 답하지 못하는 모든 질문에 성경은 답을 하고 있습니다.

예를 들어, '존재의 시작과 끝은 무엇일까?' 하는 질문을 봅시다. 이에 대해서 불교에서는 "공수래공수거空手來空手去", 즉 "빈손으로 왔다가 빈손으로 간다" 했습니다. 노자는 "무에서 무로 돌아간다" 했지요. 장자는 "자연에서 자연으로 돌아간다"고 이야기합니다. 그럴듯한 해석이지만, 궁극적인 대답이 되지는 못합니다. 그런데 성경에는 확실한 답이 나와 있습니다.

> 만물이 주에게서 나오고 주로 말미암고 주에게로 돌아감이라 롬11:36

자연에서 시작해서 자연으로 끝난다면, '그 자연은 어디서 시작되었을까?'에 대한 답이 필요합니다. 무에서 무로 돌아간다 해도, 아무 것도 없는 상태에서 처음으로 무언가가 생겨나게 된 일에 대한 설명이 필요합니다.

그러나 초월적이고도 전능한 존재인 하나님으로부터 이 세상 모든 것이 시작되었다고 하면 다 설명이 됩니다. '그럼 하나님은 누가 만들었는가?' 하는 질문을 던질 수 있겠지만, 성경은 그에 대해서도 답을 주고 있습니다. 하나님은 초월적인 존재로서 스스로 존재하는 자이시며출3:14, 시작과 끝이 없는 영원한 분이시라고 명확하게 알려주고 있는 것이죠.

◎ ◎ ◎

서양 철학에는 세 가지 질문이 있습니다.

1. 나는 누구인가?
2. 진리를 어떻게 알 수 있는가?
3. 가치 있는 삶은 무엇인가?

쇠렌 키에르케고르(1813~1855)는 덴마크의 철학자이다. 그의 질문은 "참다운(본래적인) 나란 무엇일까?"였다.

그는 기독교인이 되는 것이란 '신 앞에 선 단독자'가 되는 것이라 했다. 그것이 '진정한 자기'라 결론지은 것이다.

철학자들이 이 질문들에 대한 답을 찾고자 애쓰는데 그게 쉽지만은 않습니다. 그래서 철학자 키에르케고르Kierkegaard는 "내가 그것을 위해 살고, 내가 그것을 위해 죽을 수 있는 그 진리를 내게 다오"라고 말했지요. 마침내 그는 성경과 예수님을 통해서 답을 찾아냈습니다. 그 후 그의 모든 책에서 예수 그리스도만이 유일무이한 생명이요 진리임을 전했습니다.

존재론, 인식론, 가치론에 대한 성경의 답

'나는 누구인가' 하는 서양 철학의 질문은 '인간은 무엇인가'에 대한 질문입니다. 이는 '인간 주위를 둘러 싼 만물은 무엇인가' 더 나아가 '그 만물을 만드신 하나님은 누구신가' 하는 데에까지 이어집니다. 이것이 바로 **존재론**입니다.

성경에 따르면 인간은 하나님의 형상입니다.창1:27 또한 존재의 근원이 되시는 하나님의 자녀입니다.

> 그러나 그를 맞아들인 사람들, 곧 그 이름을 믿는 사람들에게는, 하나님의 자녀가 되는 특권을 주셨다. 요1:12

> 그러나 여러분은 택하심을 받은 족속이요, 왕과 같은 제사장들이요, 거룩한 민족이요, 하나님의 소유가 된 백성입니다. 그래서 여러분을 어둠에서 불러내어 자기의 놀라운 빛 가운데로 인도하신 분의 업적을, 여러분이 선포하는 것입니다. 벧전2:9

철학에서 제일 중요한 질문이 '나는 누구인가?'라는 명제입니다. 성경은 이 명제를 사라의 여종이었던 애굽 여인 하갈에게 던지고 있습니다. 사라가 아이를 갖지 못하니 자기의 여종 하갈을 아브라함에게 아내로 주어 임신하게 했었죠.

당시 풍습은 아내의 몸종이 아이를 낳으면 그 아이는 종의 아이가 아니라 본처의 아이가 되는 것이었습니다. 그런데 하갈은 자신이 임신한 것을 알고부터 교만해져서 자기의 여주인 사라를 깔보고 멸시했습니다. 그리하여 사라가 하갈을 학대했더니 하갈이 사라 앞에서 도망쳤습니다.

그 도망하던 길에서 일어난 일입니다. 하나님은 천사를 통해 하갈에게 묻습니다.

> "사라의 종 하갈아, 네가 어디서 와서, 어디로 가는 길이냐?" 창16:8

하나님은 "하갈아" 하고 부르시지 않고 "사라의 종 하갈아"라고 부르십니다. 그리고 하갈에게 갈 길을 알려줍니다. "너의 여주인에게로 돌아가서, 그에게 복종하면서 살아라" 하셨습니다. 자신의 근본을 잊지 말라는 것입니다.

비슷한 일이 사무엘의 어머니 한나에게서도 일어났습니다. 본래 한나가 본처이고, 브닌나는 둘째 부인이었습니다. 브닌나는 자신이 임신한 것을 알고 나서 아이가 없는 한나를 괴롭혔습니다. 질서도 없고 윗사람을 존중할 줄도 몰랐습니다. 다 자기가 어디에서 왔는지를 잊어버렸기에 일어난 일이지요. 사람이란 존재는 이렇게 미련합니다. 자기가 어디에서 왔는지도 모르고 분수에 맞지 않는 행동을 하기 일쑤지요.

그러나 예수님은 달랐습니다. "나는 내가 어디에서 와서 어디로 가는지를 알고 있다요8:14"고 하셨죠. 그분 자체가 진리고 길이셨기 때문입니다. 예수님은 창조주 하나님이 온 천하만물을 지으셨다는 것을 겸허하게 받아들이셨습니다. 하나님의 사명을 위해 가치 있게 살다가 하나님께로 돌아가는 삶이 어떤 것인지에 대한 모범을 우리에게 보여 주셨습니다.

◎ ◎ ◎

다음, '진리를 어떻게 알 수 있는가?' 하는 질문은 '나의 나됨을 어떻게 알 수 있는가', '하나님의 하나님 됨을 어떻게 알 수 있는가' 하는 질문과 연결되어 있는데, 그 '어떻게'가 바로 **인식론**입니다.

우리는 어떻게 세계를 사회를 사람을 아는 걸까요. 경험론은 경험을 통해 안다고 합니다. 합리론은 이성을 통해 안다고 하지요. 여성들은 육감으로 안다고 합니다. 일부 철학자들은 본질직관으로 안다고 합니다. 그리스도인은 하나님이 주시는 지혜와 계시의 영으로 압니다.

베드로가 예수님을 "그리스도이시며 살아 계신 하나님의 아들마16:16"로 고백했는데, 어떻게 그렇게 정확하게 알고 고백할 수 있었을까요? 인간의 이성, 경험, 육감, 본질직관으로 안 것이 아닙니다. 하나님께서 우리에게 선물로 주시는 지혜와 계시의 영이 진리를 알게 한 것입니다. 다시 말하면 성령께서 우리로 하여금 참된 인식을 하게 한 것입니다.

> 이는 그가 모든 지혜와 총명을 우리에게 넘치게 하사 그 뜻의 비밀을 우리에게 알리신 것이요 엡1:8-9

그런데 '진리를 어떻게 알 수 있는가?'란 질문에 답하려면 '진리란 무엇인가?'를 먼저 알아야 합니다. 이 역시 철학에서 답하기 어려운 질문인데, 성경에는 답이 있습니다.

> "나는 길이요, 진리요, 생명이다. 나를 거치지 않고서는 아무도 아버지께로 갈 사람이 없다" 요14:6

진리는 어떠한 이론이 아닙니다. 창조자요 구원자이신 예수님이 진리입니다. 진리 그 자체이신 예수님께서는 우리에게 천지창조의 원리와 인생의 길을 가르쳐 주십니다. 예수님을 믿고 알아가는 것이 진리 공부입니다.

그리고 위 성경 구절에서 예수님을 통해서 아버지께로 간다고 하였으니 '진리를 어떻게 알 수 있는가'에 대한 답도 나왔습니다. 우리는 예수님을 통해 진리를 알게 되는 것입니다.

> 그리스도 안에는 모든 지혜와 지식의 보화가 감추어져 있습니다. 골2:3

◎ ◎ ◎

마지막으로 '가치 있는 삶은 무엇일까' 하는 질문은 '최고의 가치는 무엇일까?' 하는 질문과 연결되어 있는데 이것은

가치론입니다.

한번 생각해 봅시다. 과연 무엇이 최고의 가치일까요? 잠시 잠깐의 것일까요, 영원한 것일까요? 생명이 더 가치 있는 것일까요 아니면 물질이 더 가치 있는 것일까요? 주관적이고 상대적인 일이 더 높은 가치일까요 아니면 객관적이고 절대적인 일이 더 높은 가치를 가질까요?

당연하게도 영원한 것, 생명의 가치, 절대적 가치가 더 중요하고 우선적입니다. 굳이 책으로 공부하지 않아도 지혜와 계시의 성령(영감靈感)을 통해 우리는 그것을 알고 있습니다.

전통적으로 최고의 가치는 진眞·선善·미美라고 말합니다. 여기에 모든 가치의 근원이요 진·선·미의 원천이신 하나님을 알고 믿고 사랑하는 거룩함(聖성)을 더하면, 진·선·미·성이 됩니다.

> 너희가 전에는 어둠이더니 이제는 주 안에서 빛이라 빛의 자녀들처럼 행하라 빛의 열매는 모든 착함과 의로움과 진실함에 있느니라 엡5:8-9

> 그들을 진리로 거룩하게 하옵소서 아버지의 말씀은 진리니이다 요17:17

인간이 습득한 지식과 인류가 이뤄낸 문명을 보면서 인간의 업적이 대단한 것 같이 느껴질 때가 있을 수 있겠지만, 사실 인간은 티끌이나 먼지 같은 존재입니다. 성경에 따르면 풀이 마르고 꽃이 시들게 되어 있듯이 세상 모든 영광은 사라질 때가 옵니다. 다시 말하자면 그런 것들은 영원하지 못한 가치를 가진 겁니다. 우리는 그런 영원하지 못한 것들을 위해 살 필요가 없습니다. 그럼 무엇을 위해 살 것인가? 잠깐이면 없어질 것을 위해서가 아닌 영원한 것을 위해 살아야 합니다.

> "모든 육체는 풀과 같고 그 모든 영광은 풀의 꽃과 같다. 풀은 마르고 꽃은 떨어지되 주님의 말씀은 영원히 있다."
> 벧전1:24-25

> 이 세상도 사라지고, 이 세상의 욕망도 사라지지만, 하나님의 뜻을 행하는 사람은 영원히 남습니다. 요일2:17

또 하나, 가치들이 충돌할 때 우리는 어떤 가치를 택해야 할까요? 예를 들어, 안중근 의사가 일본 경찰에 쫓겨 우리 집에 들어왔다고 합시다. 그래서 숨겨드렸는데, 뒤따라온 일본 경찰이 "너는 '거짓말 말라'는 십계명을 믿는 그리스도인이니 안중근을 어디에 숨겼는지 바른대로 말해"라고 한다면 우리는 어떻게 해야 할까요?

이때 정직이라는 가치를 지킨답시고 일본 경찰에게 사실대로 말하면 그것은 안중근 의사를 죽이는 일입니다. '거짓말 말라'보다 상위 계명인 '살인하지 말라'를 위반하게 됩니다. 생명의 가치가 더 높기 때문입니다.

비슷한 예로, 만일 믿지 않는 부모님이 우리에게 예수님을 믿지 말라고 한다면, '네 부모를 공경하라'는 계명대로 우리가 부모님 말씀에 순종해야 할까요?

부모님께 효도 하겠다는 단순한 생각으로 잘못된 선택을 했다가 나도 부모님도 지옥에 가게 되어 영원한 불효를 저지르게 될 수 있습니다. 무엇보다 그런 일은 우리의 가장 큰 어버이이신 하나님 아버지께 불효가 됩니다. 우리는 '너는 나 외에는 다른 신을 두지 말라'는 계명이 더 높은 가치를 갖고 있다는 것을 잘 알고 있습니다.

◎ ◎ ◎

놀랍게도 철학의 가장 중요한 3가지 주제인 가치론, 존재론, 인식론에 모든 답을 주는 말씀 한 구절이 있습니다.

> 영생(가치론)은 곧 유일하신 참 하나님과 그가 보내신 자 예수 그리스도(존재론)를 아는 것(인식론)이니이다요17:3

이 영생의 말씀을 알고 믿고 순종하여 최고의 철학자, 최고의 지혜자가 되시기를 바랍니다.

답이 없는 철학 vs. 답을 주는 성경

철학의 특징 중 하나가 질문은 많은데 답이 확실히 없다는 점입니다. 물론 철학에서도 여러 답이 있기는 하지만 그 답변들도 온통 사이비似而非 답변입니다. 그런데 성경에는 철학의 모든 질문에 대한 답이 정확하게 나와 있습니다. 참으로 놀라운 일이지요.

철학자 키에르케고르는 "철학을 우습게 여기는 것, 그것이 철학의 시작이다"라고 했습니다. 어렵다고 여기면 멀리하게 되지만, 별것 아니라고 생각하면 쉽게 접근할 수 있습니다. 그러니 철학이라고 어렵게 생각하지 마세요. 성경을 먼저 읽으세요. 성경에 능통한 사람은 철학과 인문학을 공부하기가 쉽습니다.

나를 보기 위해서 거울을 보면 거울 속에 비친 나의 얼굴과 외모만 볼 수 있습니다. 그러나 나의 속을 볼 수는 없습니다. 그래서 마음의 거울이 따로 필요합니다. 마음의 거울을 통해서 보면 눈으로 보이지 않는 나의 혼과 영을 보게 됩니다. 이 마음의 거울이 무엇일까요? 바로 우리 손에 들려 있는 성경입니다. 거룩한 거울(聖鏡)을 통해 나의 죄와 연약함 그리고 주님의 존귀와 영광을 알 수 있습니다.

인생은 헛됩니다. 오직 하나님을 통해서만 소망이 있습니다. 그러므로 내가 누구인지를 알기 위해서는 하나님이 어떤 분인지를 먼저 알아야 합니다.

> 주님 알려 주십시오. 내 인생의 끝이 언제입니까? 내가 얼마나 더 살 수 있습니까? 나의 일생이 얼마나 덧없이 지나가는 것인지를 말씀해 주십시오. 시39:4

✻ 돌아보기 ✻

⊙ **서양 철학의 세 가지 질문에 답해 보세요.**

1. 나는 누구인가? (인간은 무엇인가?)

2. 진리를 어떻게 알 수 있는가? (성경 구절로 답해 보세요.)

____

____

____

____

3. 가치 있는 삶은 무엇인가? (자유롭게 답해 보세요.)

____

____

____

____

2강

성경과 역사를 공부할 때 갖춰야 할 자세

예수님의 부활은 역사적 사실이다

모든 종교는 탄생한 날을 기념하고 있습니다. 그런데 기독교는 죽은 날을 기념하고 있습니다. 기독교의 부활절은 예수님이 죽었다가 부활하신 것을 기념하는 날입니다.

만일 어떤 무신론자가 기독교를 무너뜨리려고 한다면 그는 예수님의 부활이 거짓말임을 증명만 하면 됩니다. 그런데 부활을 증거하는 목격자와 문서가 너무 많습니다. 그래서 예수님의 부활을 안 믿기가 더 어렵습니다.

트집 잡기 좋아하는 사람은 그런 문서들에서 작은 오류들을 찾아내서는 부활이 틀렸다고 우기기도 합니다. 그렇게 트집 잡기 가장 좋은 것이 무덤을 찾아간 제자들이 본 천사의 숫자입니다. 어떤 복음서에는 천사가 한 명 나타났다고 하고, 어떤 복음서에는 두 명이라 나옵니다. 만난 천사의 수는 다르지만 중요한 것은 누구하고 만났느냐 하는 것이지요.

예를 들어 어떤 선생님이 누군가와 데이트하는 것을 각기 다른 학생들이 봤습니다. 희원이는 2번 봤다고 하는데 수애는 4번, 유은이는 심지어 5번이나 봤다고 말할 수 있습니다. 그렇다면 선생님이 데이트하고 있다는 사실은 확실합니다. 하지만 만약 희원이도 수애도 유은이도 모두 5번을 보았다고 똑같이 말한다면 오히려 그건 믿기 어렵습니다. 함께 입을 맞춘 것이라는 의심이 듭니다.

그렇기에 목격한 횟수는 중요하지 않습니다. 숫자가 서로 달라도 각자 확실하게 봤다고 주장한다면 이 경우에는 선생님이 누군가와 데이트했다는 것만은 분명한 사실이 됩니다.

마찬가지로 '역사의 법정'에서는 전해지는 이야기에서 조금씩 차이가 나는 것을 인정합니다. 서로 다른 증인끼리 숫자가 딱 맞아떨어질 정도로 같은 말을 하는 것이 오히려 수상한 일이지요.

창세기에 기록된 노아의 방주 이야기에서 동물들은 몇 쌍씩 방주에 들어갔을까요? 6장에서는 한 쌍씩이라 되어 있는데, 7장에는 정결한 짐승은 일곱 쌍씩, 부정한 짐승은 두 쌍씩이라 되어 있습니다. 6장과 7장이 다른 것처럼 기록되어 있습니다. 그런데 이런 부분을 성경을 기록한 사람들이 고치지 않고 그대로 두었습니다. 7장의 이야기가 6장의 이야기를 보완한 것이라고 보았기 때문이지요.

성경학자들은 이렇게 말합니다.

> "성경을 처음 썼던 사람들이 서로 기록한 내용이 조금씩 다르지만, 고치지 않고 그대로 둔 것이 오히려 진실한 일이다."

실제로 물증을 중요시하는 오늘날의 법관들도 이런 상태를 오히려 조작되지 않고 진실된 상황으로 봅니다.

◎ ◎ ◎

차도 주변에 걸려있는 현수막에 "자동차 사고의 목격자를 찾습니다. 제보하면 사례하겠습니다"라는 내용을 본 적이 있을 것입니다. 법정에서는 목격자가 제일 중요합니다, 그래서 교통사고의 목격자를 찾는 것입니다.

부활도 목격자의 증언이 중요하겠지요. 신약성경을 읽어보면 예수님의 부활 사건의 목격자가 매우 많다는 것을 확인할 수 있습니다. 베드로와 마리아 외에도 500여 명의 형제가 부활을 목격했습니다. 심지어 예수를 핍박했던 사도 바울도 부활한 예수님을 만났다고 고백합니다.

몇몇 사람이 만들어낸 거짓말로는 결코 지난 2천 년 동안 살았던 수많은 사람을 모두 속일 수는 없습니다. 그러므로 성경에 기록된 예수님의 부활은 분명한 역사적 사실입니다.

문서 비평, 역사 비평

우리나라 역사에는 위대한 인물들이 많습니다. 그중에서 한 사람을 선택한다면 아마 이순신 장군을 가장 많이 선택할 것입니다. 그런데 현재를 사는 우리 가운데 이순신 장군이 살아있는 것을 직접 목격한 사람이 있을까요? 아무도 없습니다. 그렇다면 어떻게 이순신 장군이 역사 속에 실제로 있었던 인물이라고 믿을 수 있을까요? 그것은 여러 문헌이 증거하고 있기 때문입니다.

임진왜란 중에 이순신 장군이 직접 기록한 『난중일기』와 『조선왕조실록』 선조 편에 보면 이순신 장군의 업적이 자세하게 기록되어 있습니다. 또한 고고학적으로도 이순신 장군의 전쟁 장면을 그린 그림 등이 남아 있습니다. 문자를 사용하기 전의 아주 옛날 일은 고고학적인 유물이 중요하지만, 문자를 사용하기 시작한 시대의 증거로는 문헌이 중요합니다.

그런데 역사는 그 시대의 관점에 따라 다르게 기록될 수도 있습니다. 때로 변호사는 죄인도 의인으로 만들고, 검사는 의인도 죄인으로 만들 수 있습니다. 만약 이순신 장군에 대한 문서가 검사의 기록만 남아서 전해진다면 오늘날 그는 역적으로 알려졌을 것입니다.

구한말 일본 제국에 우리나라를 팔아먹은 이완용이라는 사람이 있었습니다. 그런데 만약 이완용에 대한 문서가 변호사의 기록만 남아 있다면 어떤 일이 벌어졌을까요? 그는 사실과 다르게 충신으로 기억될 것입니다. 결코 있어서는 안 될 일이 일어났을 겁니다.

불행하게도 역사에는 실제로 그런 일들이 일어나기도 합니다. 편향된 시각으로 역사를 기록해 놓는 것이죠. 왜냐하면 모든 문서가 공식적으로는 승자의 관점에서 기록되기 때문입니다. 아무래도 그 당시에 권력을 쥔 집단의 관점에서 역사를 쓰지 않았겠습니까? 이러한 것을 문서 폭행, 또는 역사 폭행이라고 합니다.

그래서 남겨진 기록이 있다고 해서 그것을 무조건 사실로 믿으면 안 됩니다. 그 문서가 어떤 관점에서 쓴 것인지 먼저 알아야 합니다. 그렇다면 우리는 어떤 관점에서 역사의 기록을 보아야 할까요?

우리가 역사의 기록을 볼 때에는 변호사도 검사도 아닌 판사가 되어야 합니다. 이렇게 판사의 관점에서 역사적 문서를 보는 것을 문서 비평 또는 역사 비평이라고 말합니다. 그런 점에서 우리나라의 『조선왕조실록』은 왕의 일상에서 일어난 일을 객관적으로 기록한 것이기에 참고할 만하고 신뢰할 수 있습니다.

그렇다면 성경은 어떨까요? 실제 있었던 일을 기록한 사실이라고 믿을 수 있을까요? 아니면 조금 생각해보고 믿어도 좋을까요? 예를 들면 다윗은 무조건 좋은 왕일까요?

다윗은 이스라엘의 위대한 왕이라고 알려져 있습니다. 구약에서도 신약에서도 위대한 인물로 추앙받았습니다. 신약의 처음 성경인 마태복음에 예수님의 족보가 나오는데 거기에는 여러 왕들의 이름도 들어 있습니다. 그런데 그중에서 왕이라고 기록된 자는 오직 다윗밖에 없습니다.마1:6 히스기야를 비롯한 역대 왕의 이름들이 나오지만 다윗 외에는 왕이라는 표현을 쓰지 않았습니다. 그 정도로 다윗은 중요한 인물입니다.

이스라엘의 황금시대(golden age)는 다윗 왕과 솔로몬 왕의 시대입니다. 이스라엘 사람들에게는 가장 자랑스러운 시대이지요. 그런데도 성경은 다윗 왕과 솔로몬 왕을 포장하지 않았습니다. 성경을 보면 다윗이 저지른 나쁜 일도 그대로 기록되어 있지요.

다윗은 남의 아내를 꾀어 간음하고, 그 남편은 전쟁터에 내보내서 죽게 만들어 버렸습니다. 만일 여러분이 왕의 역사를 기록하는 역사가라면 그 내용을 사실대로 기록하기가 쉬웠을까요? 아마 망설이게 되었을 것입니다. 일어난 사실을 그대로 기록한다면 그 자리에서 쫓겨날지도 모릅니다. 어쩌면 쫓겨나는 것으로 그치지 않고 목숨이 위태로울 수도 있습니다. 당시 사건을 사람이 기록했다면 절대로 사실대로 적지 못했을 것입니다. 하지만 성경은 사람이 쓴 것이 아니라 하나님께서 쓰게 하신 것이기 때문에 그렇게 위대한 다윗 왕의 범죄 사실까지 그대로 성경의 기록에 남을 수 있었던 것입니다.

마태복음을 보니, 예수님이 로마 군인들에게 붙잡혀 있을 때 천국의 열쇠를 약속받은 수제자 베드로가 예수님을 모른다고 세 번이나 저주하며 부인했습니다. 마태는 베드로와 함께 예수님을 따라다니면서 3년을 함께한 제자입니다. 예수님의 일등 제자였습니다. 그가 설교했을 때 하루에 3,000명이 회개하고 돌아왔습니다. 그런데도 마태는 베드로가 주님을 부인한 사실을 있는 그대로 기록했습니다.

성경에는 그 자체에 사람에 대한 비평이 들어있습니다. 그래서 마태복음의 기록을 보면 베드로도 연약한 사람이라는 점이 그대로 드러납니다. 베드로 스스로도 그가 한낱 사람에 불과하다는 점을 인정했습니다. 그가 고넬료의 집에 도착했을 때 고넬뇨가 마중 나와서 베드로의 발 앞에 엎드려서 절을 하는데, 그것을 본 베드로는 "일어나십시오, 나도 역시 사람입니다행1:26"라고 말했습니다.

구약 성경에 이스라엘을 많이 괴롭혔던 암몬 족속과 모압 족속의 이야기가 나옵니다. 그들이 어떻게 생겨났는가 하면, 전에 소돔과 고모라가 멸망할 때 아브라함의 조카 롯이 두 딸을 데리고 탈출해 나왔지요. 함께 나오던 롯의 아내는 뒤를 돌아보다가 소금기둥이 되었고, 롯의 두 사위는 심판에 대한 경고를 농담으로 알아들었다가 죽고 말았습니다. 롯과 두 딸만 남은 것이죠.

이후 롯의 두 딸이 아버지에게 술을 먹이고는 몰래 아버지와 동침하여 아이를 낳았는데, 그들의 후손이 암몬 족속과 모압 족속이 되었습니다. 그런데 굳이 성경에 이런 사실까지 기록될 필요가 있었을까요? 아버지와 딸이 동침해서 자식을 낳은 이야기가 거룩하고 좋은 이야기는 아니니까요.

하지만 성경에는 이처럼 사람의 생각으로는 부끄럽고 민망해서 필요 없다고 생각되는 내용까지 빼놓지 않고 기록되어 있습니다. 그렇게 죄인 된 인간의 실상을 있는 그대로 보여줌으로써, 우리가 참 구원자 되시는 예수님을 만날 수 있도록

도와주고자 하는 것입니다.

『불경』이나 『사서삼경』에는 좋지 않은 이야기는 빼버리고, 미화된 이야기들이 주로 나옵니다. 하지만 성경에는 세상의 삼류소설에서도 보기 힘든 부끄러운 이야기들이 삭제되지 않고 있는 그대로 기록되어 있습니다. 그렇게 우리 인간이 모두 죄인임을 말해주고 있습니다. 그래서 죄인을 구원하기 위해서 예수 그리스도가 필요하다고 이야기하고 있습니다. 이처럼 성경은 부끄러운 일까지도 피하지 않고 모든 사실을 있는 그대로 기록한 것이기 때문에 오히려 더욱 믿을 수 있습니다.

비평과 의심을 구분하기

신학 용어인 삼위일체三位一體(Trinity)는 이성적으로 이해하기도 어렵지만, 신앙적으로 믿기도 어려운 말입니다. 성부 하나님, 성자 하나님, 성령 하나님, 이 세 분이 똑같은데 또한 다르다는 말이기 때문입니다.

생각을 하고 또 해도 잘 이해되지 않습니다. 신학 서적을 읽어봐도 마찬가지입니다. 인간은 삼위일체에 대한 것을 결코 알 수 없고, 완전하게 이해할 수도 없습니다. 그냥 신비입니다. 그런데 우리가 이해되지 않는 것은 무조건 믿지 않겠다 한다면 그것이 과연 올바른 태도일까요?

저는 대학에서 철학을 전공했습니다. 철학은 무엇이든 다 의심하고 시작하기 때문에 의심의 학문이라고도 합니다. 그런데 의심만 한다고 지식을 얻고 깊은 진리를 깨달을 수 있을까요?

예를 들어 이렇게 생각해 봅시다. 제가 광주 양림동에 세워진 '오방 최흥종 기념관'을 찾아가려 합니다. 오방 최흥종 기념관은 한센병 환자의 아버지로 추앙받고, 광주의 아버지라고까지 불리는 오방 최흥종 목사의 삶과 사상을 기념하기 위해 세워졌습니다. 광주광역시 양림동의 호남신학대 건너편에 있습니다.

제가 거기엘 간다고 하니까 누군가 제게 기념관으로 가는 약도를 그려 주었다고 하죠. 그런데 손으로 그린 약도가 정확하게 맞을까요? 대략 맞겠죠. 정확하지는 않을 것입니다. 그렇지만 일단 그려준 사람을 믿고 가야 합니다. 그렇지 않고 '이 약도는 틀렸을 거야' 하고 의심부터 한다면 한 발자국도 내딛을 수 없을 겁니다.

오방 최흥종(1880~1966)은 평생 한센병(나병) 퇴치와 빈민구제, 독립운동, 선교활동, 교육활동 등에 헌신했다.
광주의 영적, 정신적 지주이자 근대 광주의 아버지로 기억되고 있다.

기본적으로 우리에게 전해진 세상의 모든 지식과 지혜는 약도처럼 일단 믿고 가야 합니다. 여러분의 생일이 몇 월 며칠이라고 말할 때 자신의 생일을 자신이 처음부터 기억해서 아는 것인가요? 아닙니다. 부모가 말해줘서 그대로 믿고 아는 것입니다. 알아서 믿은 것이 아니죠. 어쩌면 세상의 모든 것은 이처럼 기본적으로 먼저 믿고 나중에 아는 것입니다.

만일 제가 최흥종 기념관을 몇 번 찾아가 보고 경험이 쌓인 후에 직접 새로운 약도를 그린다면 더 좋은 약도를 만들 수도 있겠지요? 하지만 이런 일은 이전에 건네받은 약도가 거짓이라고 말하기 위함이 아닙니다. 약도의 진위를 의심해서가 아니라 좀 더 자세하고 더 정확하게 그려서 다른 사람에게 더 나은 도움을 주려는 것입니다.

그렇기에 발전이 있으려면 처음에는 무조건 믿고 따라가야 합니다. 그러다가 어느 단계에 올라서면 후배나 다른 사람에게 더 좋은 것을 설명하기 위해 나의 의심이 필요한 것입니다. 사실을 받아들이는 일이 먼저 있고 그 후에 의심해 보아도 전혀 늦지 않습니다. 그런 의심은 좋은 결과를 낳을 수 있습니다.

어떤 이는 "나는 의심한다. 그러므로 나는 존재한다"라는 말을 하는데, 그것은 사탄의 거짓말일 수 있습니다. 의심 자체가 사실을 부인하려는 목적이 되기 때문입니다. 그것보다는 "나는 믿는다. 그러므로 나는 존재한다"가 옳습니다.

앞에서 언급한 것처럼 성경은 신뢰도가 최고로 높은 문서입니다. 변호사의 입장 또는 검사의 입장에서만 쓰인 편향된 문서가 아니라 판사 되시는 하나님의 입장에서 쓰여졌습니다. 그렇기에 의심하지 않고 일단 무조건 믿고 따라도 좋습니다.

약도를 건네받아서 직접 가보고, 약도가 사실인지, 더 정확한 약도를 그릴 수는 없는지 고민하는 것처럼, 성경도 일단 믿고 따라가다가 보면 점점 더 정확하게 이해할 수 있습니다. 전 시대 사람들이 놓쳤던 부분을 설명해 낼 수 있게 됩니다. 이것이 비평批評입니다.

사물의 옳고 그름을 분석하여 가치를 논하는 것을 비평이라고 하는데 처음부터 의심하는 것은 비평과 다릅니다. 먼저 정확히 알고 나서 더 좋은 것을 알기 위해 약간의 의심이 도구로 사용되는 것, 그게 진짜 비평입니다.

역사 공부도 마찬가지입니다. 사건의 기록을 대할 때 일단은 그 일이 일어났다는 가정 하에 역사 비평을 하고, 그 사건의 의미를 공부하고, 그 역사에서 어떠한 교훈이 있는지를 배우는 것입니다. 역사를 공부하든 성경을 공부하든 비평과 의심을 구분할 줄 알아야 합니다.

> 예수께서 도마에게 말씀하셨다. 너는 나를 보았기 때문에 믿느냐? 나를 보지 않고도 믿는 사람은 복이 있다. 요20:19

✲ 돌 아 보 기 ✲

⊙ **다음 빈 칸을 채워 보세요.**

1. 승자의 입장에서 편향된 시각으로 역사를 기록해 놓는 일을 문서 폭행 또는 ◯◯ ◯◯이라고 한다.

2. 변호사도 검사도 아닌 ◯◯의 관점에서 역사적 문서를 보는 것을 문서 비평 또는 역사 비평이라고 말한다.

3. 이것은 사물의 옳고 그름을 분석하여 가치를 논하는 것을 말한다. 처음부터 의심하는 것은 이것과 다르다. 먼저 정확히 알고 나서 더 좋은 것을 알기 위해 약간의 의심이 도구로 사용되는 것을 진짜 이것이라 한다.

   정답: ◯◯

3강

역사는 기억 투쟁이다

역사와 시와 노래

역사歷史(history)는 무엇일까요? 옛이야기(story)입니다. 특별히 그분의 이야기(His story)입니다. 세상에 많고 많은 이야기 중에 우리가 꼭 알아야 할 이야기가 왜 하필 그분의 이야기일까요? 그분은 과연 누구일까요? 바로 세계 역사를 기원 전 B.C.(Before Christ)과 기원 후A.D.(Anno Domini)로 나누는 기준이 되는 그분! 우리 예수님입니다. 역사는 그분의 이야기, 바로 예수님의 구원의 이야기입니다.

나는 알파며 오메가, 곧 처음이며 마지막이요, 시작이며 끝이다. 계22:13

패니 크로스비(1820~1915)는 신생아 때 시력을 잃었음에도 역경을 이겨내고 8,000곡 이상의 찬송가와 복음성가를 만들었다.
「예수를 나의 구주 삼고」, 「예수 나를 위하여」, 「예수께로 가면」, 「인애하신 구세주여」, 「나의 갈길 다가도록」 등 한국 찬송가에도 23곡이 수록되어 있다.

찬송가 288장 후렴구에 "이것이 나의 간증이요(This is my story), 이것이 나의 찬송일세(This is my song)"라는 가사가 나옵니다. 이 곡의 작사가는 패니 크로스비F. J. Crosby인데요. 시각장애인이었지만 한평생 1만여 편의 찬송시를 썼습니다. 그런 사람이 예수님의 이야기가 바로 자기의 이야기이며 자기가 부를 노래라고 고백한 것입니다. 예수님만이 그의 인생 역사의 전부이며, 그분만이 오직 찬송을 받을 분이라는 말입니다. 그 예수님의 이야기가 우리가 이 책에서 배우려는 역사입니다.

지금 우리가 보는 역사책은 대부분 산문으로 기록되어 있습니다. 하지만 옛날에는 대부분 역사를 서사시敍事詩로 기록했습니다. 시 형식으로 역사를 쓴 것입니다. 역사의 아버지라 불리는 호메로스의 『일리아스Ilias』, 『오디세이아Odysseia』도 시 형식입니다.

여러분 시란 무엇인가요? 시는 문학의 한 장르이지요. 문학에서 시의 종류로는 서정시, 서사시, 극시 이렇게 3가지가 있습니다. 서정시抒情詩는 인간의 감정이나 정서를 주관적으로 표현한 시입니다. 예를 들 필요도 없이 대부분의 시가 이 장르에 속하지요. 서사시는 역사적 사실이나 영웅 이야기, 신화 같은 것을 시로 풀어서 기록한 것입니다. 앞서 언급한 서양의 그리스와 로마 시대에 기록된 『일리아스』, 『오디세이아』가 전부 서사시입니다. 마지막으로 극시劇詩는 희곡 형식으로 쓴 것으로, 등장인물들의 대사로 이루어진 시입니다. 대표적으로 단테의 『신곡』, 괴테의 『파우스트Faust』가 있지요.

역사를 기록한 서사시 이야기를 좀 더 합시다. 왜 굳이 역사를 시로 썼을까요? 시詩(poem)는 자체가 운율이 있는 노래(song)랍니다. 성경에 있는 시편詩篇(Psalms)도 150편 전체가 사실 시요, 노래이지요. 바로 그거에요! 시로 쓴 역사를 노래로 만들어서 다음 세대에게 쉽게 전수하기 위해서였습니다.

근본적으로 역사를 기록하는 목적은 다음 세대에게 전하려는 것입니다. 다른 말로 전수傳受한다고 하지요. 아이들에게 역사를 노래로 전수하면 오랜 시간이 지나더라도 쉽게 잊히지 않습니다. 다음 세대에게 역사가 제대로 전수되어 기억되면, 기억된 역사를 통해 바르게 배우고 깨우쳐서, 새롭고 발전된 역사를 창조할 수 있습니다. 그래서 역사를 서사시로 만들고, 노래로 불러 기억하게 한 것입니다. 역사를 공부할 때 빼놓을 수 없는 중요한 단어가 이 '기억'이란 단어입니다.

여러분 혹시 예수님의 열두 제자 이름을 다 알고 있는지요? 저는 지금도 열두 제자 이름을 외우고 있답니다. 비결이 뭔지 아나요? 복음서에 등장하는 순서, 즉 예수님의 제자가 된 순서대로 이름을 기억하기가 쉽지는 않습니다. 하지만 저는 어렸을 때 그들의 이름을 노래로 배웠습니다. 그랬더니 지금까지 그 노래가 기억나고, 열두 제자 이름이 입에서 줄줄 나옵니다. 베드로, 안드레, 야고보, 요한, 빌립, 바돌로매, 도마, 마태, 야고보, 다대오, 시몬, 유다. 이렇게 노래로 익힌 정보는 쉽게 잊히지 않지요.

구약성경의 다섯째 책이 신명기申命記(Deuteronomy)인데, 당시 이스라엘이 가나안 땅 입성을 앞두고 작성한 출애굽 사건에 대한 백서와 같다는 생각이 듭니다. 신명기는 반복할(또는 거듭할) 申신과 명할 命명자가 합쳐져 '반복(거듭)해서 말씀하신 것'을 기록했다 뜻입니다.

어떤 이야기를 반복해서 들려주면 오래 기억하게 되지요. 모세가 하나님의 말씀과 하나님이 하신 일을 이스라엘 백성에게 반복해서 들려줌으로써, 이스라엘이 여호와에 대한 신앙을 잊지 말고 기억하기를 당부하려고 신명기를 기록한 것입니다. "하나님을 잊지 말라 그리고 그 말씀을 기억하라"는 것이 신명기의 교훈입니다.

그런데 신명기 중에서도 모세의 유언이 담긴 신명기 32장은 시와 노래로 기록되어 있습니다. 그렇게 하면 글을 모르는 아이도 노래는 쉽게 외워서 부를 수 있기 때문입니다. 하나님에 관한 이야기를 다음 세대가 기억하도록 하기 위함이었지요.

역사는 기억 투쟁이다

우리가 역사를 공부할 때 반드시 기억해야 할 명제가 있습니다. '역사는 기억 투쟁이다'라는 말입니다. 역사가 왜 기억하려는 싸움일까요? 왜냐하면 사람은 쉽게 잊어버리기 때문입니다. 그래서 다른 말로 하면 기억 투쟁은 잊지 않으려는 노력이기도 합니다.

대개 우리는 좋은 일은 꼭 기억하고 싶어 합니다. 나쁜 일은 기억하고 싶지 않습니다. 마음이 괴롭기 때문입니다. 한편 사탄은 우리에게 은혜 받은 것과 기분 좋게 한 일들은 쉽게 잊어버리게 하고, 대신 나쁜 것과 기분 나쁘게 만든 일은 더 잘 기억하게 만듭니다.

우리는 예수님의 이름으로 나쁜 것은 잊어버리고, 좋은 것은 기억하도록 노력합시다. 그래야 마음속에 좋은 것들이 더 많이 남아있어 나쁜 짓보다는 좋은 일을 더 많이 할 수 있기 때문이지요. 하나님과 하나님의 말씀은 좋은 것이지요? 그래서 말씀을 기억해야 합니다.

하나님은 사람들이 하나님을 기억하는 걸 좋아하십니다. 그래서 성경은 하나님이 좋아하는 것을 좋아하고, 하나님이 싫어하는 것을 싫어하는 사람을 하나님의 마음에 합한 사람이라고 말합니다.

다윗이 바로 그런 사람이었습니다. 다윗이 하나님의 마음에 합한 사람이 된 이유는 하나님과 하나님의 말씀을 기억하려고 힘썼기 때문입니다. 특별히 하나님의 은혜를 기억하려

했습니다. 물론 다윗도 사람인지라 실수도 하고 큰 죄를 짓기도 했지만, 기본적으로 다윗은 하나님의 마음과 하나님께서 베푸신 은혜를 기억하려고 싸운 사람입니다.

백골난망白骨難忘이라는 말을 들어본 적이 있나요? 조선 시대를 배경으로 하는 역사 드라마를 보면 신하가 왕이 베푼 선물이나 직급을 받을 때 "백골난망이로소이다" 하고 감사하는 장면이 나옵니다. 이 말은 "죽어서 오랜 세월이 지나 하얀 뼈만 남게 되더라도 잊어버리기 어렵습니다"라는 뜻으로, 은혜를 잊지 않고 반드시 갚겠다는 다짐을 고백하는 말입니다.

결초보은結草報恩이라는 고사성어가 있는데, '풀을 묶어서 은혜를 갚았다'는 뜻이지요. 저의 고향이 강원도 속초束草입니다. 속초는 '풀 묶음'을 뜻하니, 결초보은과 비슷하지요. 그래서 저는 이 고사성어가 더 와 닿습니다.

결초보은의 유래는 이러합니다. 중국의 고대 춘추시대에 진晉나라의 군주 위무자에게 애첩이 있었습니다. 옛날에 왕은 부인 말고도 첩을 둘 수 있었는데 정식 부인은 아니었지만, 위무자는 그 첩을 아끼고 사랑했던 모양입니다. 어느 날 병석에 눕게 된 위무자는 아들 위과를 불러 자신이 죽으면 그 애첩을 재가시키라고 말하였습니다. '재가'의 의미는 다른 남자와 다시 결혼시키라는 것이었지요.

그러나 시간이 지나 위독해진 위무자는 자신이 죽으면 애첩도 함께 묻으라고 반대의 유언을 남기고 세상을 떠나죠. 그때는 왕 같은 권력자가 죽으면 아내와 신하까지 함께 묻는 끔찍한 전통이 있었기 때문입니다. 그걸 순장殉葬이라고 합니다.

그런데 돌아가신 아버지께서 남기신 전혀 다른 두 유언 사이에서 고민하던 아들 위과는 아버지의 애첩을 순장하는 대신 다른 곳에 시집보내면서 "나는 아버지께서 맑은 정신으로 남기신 말씀을 따르겠다"라고 하였습니다. 말하자면 위과는 아버지의 애첩에게 은혜를 베푼 것입니다.

세월이 흐른 후 이웃 나라에서 진晉나라를 침략했습니다. 위과가 적군을 격파하고 적장 두회의 뒤를 쫓아갈 무렵 갑자기 무덤 위의 풀이 묶이더니 올가미가 만들어졌고, 그 올가미에 두회의 발목이 걸려 넘어지고 말았습니다. 덕분에 위과는 두회를 잡고 그 전투를 승리로 이끌 수 있었습니다.

그날 밤 한 노인이 위과의 꿈에 나타나 이렇게 말했습니다. "나는 네가 시집보낸 아이(애첩)의 아버지다. 그래서 오늘 내가 풀을 묶어 네가 보여준 은혜에 보답한 것이다." 그래서 맺을 결結, 풀 초草, 갚을 보報, 은혜 은恩, 이 네 글자가 모여 결초보은結草報恩이라는 고사성어가 생긴 것입니다. 은혜는 죽어서도 기억해야 한다는 교훈이라고 할 수 있지요.

우리는 역사를 기억해야 합니다. 특히 하나님께서 내게 베푸신 좋은 일은 반드시 기억해야 합니다. 그래서 하나님의 역사를 기록한 성경을 읽고 암송해야 하지요. '역사는 기억 투쟁이다'라는 명제를 꼭 기억하기를 바랍니다.

하나님께서 율법을 기록하게 하신 신명기의 주제는 '잊지 말아라. 그리고 기억하라' 입니다. 그런데 신명기 이후, 가나안 땅에 정착한 이스라엘 백성의 후손들이 하나님과 그분이 행하신 일을 기억하지 못하였습니다.

하나님께서 출애굽과 가나안 땅 정복 과정에서 이스라엘 백성에게 베푸신 큰일을 눈으로 본 장로들이 살아 있는 동안에는 이스라엘 백성들이 하나님을 잘 섬겼습니다. 그러나 여호수아도 죽고, 장로들도 다 죽고 나자 그 다음 세대는 하나님과 하나님께서 하신 일들을 다 잊어버렸습니다. 사사기를 보면 그런 모습이 나타납니다.

> 그들이 죽은 뒤에 새로운 세대가 일어났는데 그들은 주님을 알지 못하고, 주님께서 이스라엘을 돌보신 일도 알지 못하였다. 삿2:10

특별계시와 일반계시

하나님께서 우리에게 당신을 보여주시는 것을 신학 용어로 계시(revelation)라고 합니다. Revelation의 동사형인 reveal은 re+veil에서 왔는데, '베일veil을 벗겨준다'라는 의미입니다. 우리의 두 눈을 커튼으로 가리면 앞을 볼 수 없지요. 하지만 앞을 보지 못하게 가리고 있는 것들이 사라지면, 다시 볼 수 있습니다. 이렇듯 계시는 하나님께서 보게 해 주신다는 의미를 갖고 있습니다.

계시에는 예수님을 믿는 사람에게만 주어지는 특별계시와 예수님을 믿지 않는 사람에게도 모두 주어지는 일반계시가 있습니다.

특별계시는 우리 손에 들려진 성경책입니다. 기록된 말씀을 통해서 하나님을 보여주신 것이지요. 우리는 하나님이 주신 특별계시인 성경을 잘 배우고 기억해야 합니다. 성경을 기억하는 방법 중에서 대표적인 것이 암송입니다. 물론 그 뜻을 이해하기 위해 성경 공부도 해야 합니다.

일반계시는 예수님을 믿지 않는 사람도 하나님을 본능적으로 알아챌 수 있게 하나님께서 배려해 놓으신 것들입니다. 대표적인 것이 '양심'입니다. 누구나 죄를 지으면 두려워하게 되는 이유가 하나님이 보고 계신다는 것을 본능적으로 알고 있기 때문입니다. 자연의 웅장한 산을 보면서 탄성이 나오는 것은 하나님의 창조하심을 인정하는 것입니다. 그래서 자연自然도 일종의 일반계시입니다. 신학 용어로 일반은총이라고도 말하지요.

우리는 역사를 통해서 세상의 모든 일은 마침내 옳은 데로 돌아가게 된다는 사필귀정事必歸正을 배울 수 있습니다. 역사를 연구하면 할수록 하나님이 살아계신다는 사실을 알게 됩니다. "역사에 대해 무지한 자는 하나님에 대하여 무지한 자다"라는 명언이 있습니다. 그런 의미에서 역사도 일종의 일반계시입니다.

역사를 망각한 자는 실패의 역사를 되풀이한다고 합니다. 나쁜 역사라고 해서 잊어버리면 안 됩니다. 나쁜 역사도 기억하고 거기서 교훈을 배워야 합니다. 그래야 발전이 있습니다. 역사에서 교훈을 배우지 못하면 선조들이 한 것과 똑같은 잘못을 반복하게 됩니다.

또한 좋은 역사도 기억해야 합니다. 역사에서 좋은 것을 기억해서 받아들이는 사람은 스스로 더 좋은 역사를 만들어 갈 수 있기 때문입니다.

> 무엇이든지 전에 기록한 것은 우리에게 교훈을 주려고 한 것이며, 성경이 주는 인내와 위로로써 우리로 하여금 소망을 가지게 하려고 한 것입니다. 롬15:4

그러므로 우리는 특별계시인 성경과 함께 일반계시인 역사도 공부하고 기억해야 합니다. 우리는 이 책에서 하나님이 주신 특별계시인 성경과 일반계시인 역사와 인문학을 함께 살펴보겠습니다.

✻ 돌아보기 ✻

⊙ 각 계시에 해당하는 것을 골라 이어 보세요. (중복 연결 가능)

• 성경

일반계시 •

• 자연

• 역사

특별계시 •

• 양심

⊙ 패니 크로스비가 작사한 찬송가 288장을 불러 봅시다.

✲ 돌아보기 ✲

⊙ 신명기를 한자로 쓰고 그 의미를 적어 봅시다.

申	命	記

⊙ 결초보은을 한자로 쓰고 그 의미를 적어 봅시다.

結	草	報	恩

4강

타율과 자율을 넘어 신율로

세계사와 성경의 역사

예수를 믿지 않는 사람들은 세계사에서 가르치는 역사만 진짜이고, 성경의 역사는 가짜라고 생각하는데 그렇지 않습니다. 성경의 역사는 세계를 구원한 하나님의 구원사입니다. 그렇기에 성경을 보면 세계사 속에서 진정한 역사의 주관자가 되시는 하나님의 역사가 흘러가는 것을 알 수 있습니다.

세계사와 성경을 분리할 필요가 전혀 없습니다. 하나님은 세상 안에 계십니다. 하나님은 세상을 사랑하셔서 세상 모든 사람이 구원받고 진리를 알기를 원합니다. 성경이 그것을 우리에게 가르쳐주고 있습니다. 또한 성경의 역사는 세상이 타락했을 때 하나님께서 어떻게 하실 것인지에 대해서도 알려주고 있습니다. 그러므로 우리는 세계사의 흐름 속에서 먼저 성경의 역사를 배워야 합니다.

성경의 역사를 잘 알게 되면 세계의 역사를 어렵지 않게 깨달을 수 있습니다. 이를 위해, 김동주 교수님의 『기독교로 보는 세계 역사』와 함석헌 선생님의 『뜻으로 본 한국 역사』를 강력하게 추천합니다.

자율, 타율, 신율

저는 성경의 역사와 세계의 역사를 공부할 때 자율自律과 타율他律에 대해 생각하게 됩니다. 우선 여러분은 자율과 타율 중에서 어떤 것이 더 좋다고 생각합니까?

자율은 자기 스스로가 법이 되는 일입니다. 건널목 앞에서 빨강 신호등일 때 건너가지 않는 사람과 건너가는 사람의 차이는 무엇일까요? 마음속에 경찰이 있는 사람은 건너가지 않습니다. 이것이 자율입니다.

건널목 주변에 경찰이 있어서 못 건너가는 것은 타율입니다. 다른 사람이나 바깥의 제도가 그를 지배하는 법이 되는 것이죠. 타율의 사람은 주변에 경찰이 없으면 규칙을 쉽게 어깁니다. 자기 마음속에 경찰이 없기 때문입니다.

이렇게 보면 무조건 자율이 좋은 것 같지만, 만일 여러분이 스스로 알아서 하라고 하면 좋은 행동과 나쁜 행동 중에 어떤 것을 더 많이 할까요?

1983년 노벨문학상을 수상한 윌리엄 골딩의 대표작 『파리 대왕(Lord of the Flies)』이라는 소설이 있습니다. 핵전쟁이 벌어진 위기 상황에서 한 떼의 영국 소년들이 후송되던 중에 무인도에 불시착하여 벌어지는 이야기입니다. 우리 생각에는 소년들이 합심해서 무인도를 탈출할 방법을 찾을 것 같은데 오히려 그 안에서 자기들끼리 왕을 세우고 노예도 만듭니다. 사람과 사회의 본질을 꿰뚫은 이야기입니다.

자율이 원래는 좋은 것이지만, 예수님을 따르지 않는 상황에서의 자율은 좋은 것만은 아닙니다. 죄인이 자율로 살면 자기 스스로가 법이 되면서 날마다 죄만 더해가는 것입니다. 그러나 하나님의 형상을 가진 사람에게는 사실 자율이 좋습니다. 스스로 하나님의 법을 따를 것이기 때문이지요.

한편, 타율이라고 해서 모두 나쁜 것만은 아닙니다. 무엇이 좋고 나쁜 것인지 잘 모르는 어린 아이들에게는 타율이 필요합니다. 여러분의 가정에서는 부모님들이 어린 자녀들에게 좋은 것과 나쁜 것 중에 어떤 것을 가르치는가요? 당연히 좋은 것을 가르치겠지요. 그런데 그 좋은 것들을 배우고 익히려면 당연히 타율의 과정을 거칩니다. 그러다가 세월이 흐르고 아이들이 자라면서 점차 자율로 살 수 있도록 변하는 것입니다.

사람의 자율과 타율과는 다른 제3의 시각이 있는데 그것은 바로 하나님의 시각을 따르는 일, 곧 신율입니다. 사실 그리스도인은 자율이냐, 타율이냐를 논쟁할 필요가 없습니다. 신율이 제일 높은 기준이기 때문입니다.

하나님의 법이 사람에게 자율이 되고, 동시에 타율이 되면 제일 좋습니다. 스스로 '자, 하나님이 안 된다고 하시니 나는 이걸 하지 말아야겠구나' 하면 자율로 신율을 따르는 일입니다. '아, 너무 하기 싫은데 하나님이 하라고 하니 억지로라도 하자'라고 한다면 그것은 타율로 신율을 따르는 일이 되겠지요. 사람에게는 두 방식 모두 필요합니다.

◎ ◎ ◎

물속에서 사는 물고기들을 보면 철저하게 주변을 경계하면서 생활합니다. 자기보다 작은 물고기를 잡아먹으며 살기 위해서도 그렇지만 우선 큰 물고기에게 안 잡아먹히려고 경계하는 것입니다. 그런데 물고기가 아무리 사방을 두루 경계를 해도 물 밖에서 새가 날아와서 갑자기 잡아먹히는 일은 전혀 생각하지 못합니다. 바닷가에는 물속으로 쏜살같이 낙하하여 물고기를 잡아먹는 새가 있지요.

자율과 타율로만 살아가는 인생은 물속에서 살아가는 물고기와 같습니다. 물 밖이라는 다른 차원의 세계가 있다는 것을 전혀 생각하지 못합니다. 매일을 염려하며 살지만 정작 1초 뒤에 나에게 무슨 일이 닥칠지를 모릅니다. 그러니 늘 불안합니다.

신율로 살아가는 인생은 자신이 살아가는 차원 너머에 계신 분을 염두에 두는 인생입니다. 더 높은 차원에 계신 하나님이 나를 그분의 더 높은 길로 인도해 주시리라는 것을 믿고, 자신의 뜻이 아닌, 남의 뜻도 아닌, 하나님의 뜻대로 살아가는 사람입니다.

하나님의 시각으로 역사를 보자

앞에서 역사의 법정이 있다면 그 법정에도 변호사와 검사와 판사의 관점과 역할이 다를 것이라는 이야기를 했습니다.

흔히 변호사는 좋은 사람이고 검사는 나쁜 사람이라고 말합니다. 하지만 변호사라고 무조건 좋은 사람은 아닙니다. 진짜 좋은 변호사는 죄를 짓지 않았는데도 죄인으로 몰린 억울한 사람을 변호해주는 사람입니다. 만약 어떤 변호사가 죄를 실제로 지어서 마땅히 벌을 받아야 할 죄인으로부터 많은 돈을 받고서는 그가 죄가 없다고 변호해 준다면 그 변호사가 아무리 능력이 좋다 한들 좋은 사람이라고 할 수 있을까요?

그렇게 생각하면 검사가 무조건 나쁜 사람이라고 말할 수도 없습니다. 죄를 저질러 벌을 받아야 마땅한 사람은 벌을 받게 하는 것이 좋은 검사입니다.

한편 과거에 우리나라의 어떤 정권은 나라의 민주화와 민족의 통일을 주장하며 시위(데모)를 한 대학생들을 공부는 하지 않고 데모만 한다고 잡아갔습니다. 당시에 많은 검사들이 독재정권의 눈치를 보면서 아무런 죄가 없는 대학생들에게 이상한 죄목(죄의 이름)을 붙여서 기소했습니다. 그런 검사는 나쁜 검사입니다.

이처럼 변호사나 검사 모두 순기능(좋은 역할)과 역기능(나쁜 역할)이 있습니다. 굳이 비유하자면 변호사의 역할을 자율로, 검사의 역할을 타율이라 할 수도 있겠지요. 반면에 변호사의 주장이 옳으냐, 아니면 검사의 주장이 옳으냐고 사람들이 논쟁할 때 양쪽의 주장을 모두 들어보고 법대로 판결하는 사람이 판사입니다. 이것이 바로 제3의 시각, 하나님의 관점을 갖는 신율이라고 비유할 수 있습니다. 법대로 제대로 판단할 수만 있다면 우리는 판사의 시각을 가져야 합니다.

◎ ◎ ◎

솔로몬의 재판은 세상 누구나 알고 있을 정도로 유명한 이야기입니다. 두 명의 여인에게 각기 아기가 있었는데 잠을 자고 일어나보니 한 아기가 엄마에게 눌려서 숨이 막혀 죽어 있었습니다. 그 엄마는 자기 아기를 다른 여인의 아기와 몰래 바꿔놓은 다음 살아 있는 아기가 자기 아기라고 거짓말을 했습니다.

아주 갓난아기일 때는 남들이 보기에 구별하기 어렵습니다. 과학 문명이 발달한 지금은 찍어둔 사진을 확인만 해봐도 알 것이고, 잘 모르겠으면 유전자 검사를 하면 간단하게 해결할 수 있습니다. 하지만 당시에는 그런 것이 없었지요.

두 엄마가 서로 다투다가 마침내 솔로몬 왕을 찾아와 판결을 요청했습니다. 그러자 솔로몬 왕이 칼로 살아있는 아기를 절반으로 쪼개 반씩 나눠 가지라는 황당한 판결을 했습니다.

여러분이 솔로몬이라면 어떻게 진짜 엄마를 구분할 수 있었겠습니까? 솔로몬 왕도 그 아기들을 본 적이 없었으니, 어느 아기가 어느 여인의 아기인지 어떻게 알겠습니까? 하지만 솔로몬 왕이 지혜롭게 생각한 것은 진짜 엄마라면 자기 아기가 죽는 것을 절대 원하지 않을 거라는 사실이었습니다.

가짜 엄마는 왕의 말대로 아기를 반으로 나누자고 했습니다. 살아있는 아기를 네 것도 내 것도 안 되게 하겠다는 못된 생각이었습니다. 어차피 자기 아기는 자기가 죽여서 살아 있지 않으니까요.

그러나 생명은 물건과 달리 반으로 나눌 수 없습니다. 생명을 나누면 바로 죽음이 되어버립니다. 아기의 진짜 엄마는 아기를 죽이지 말고 저 가짜 엄마에게 주라고 애원했죠. 결국 솔로몬 왕은 진짜 엄마가 누구인지 금세 밝혀낼 수 있었습니다.왕상3:16-28

◎ ◎ ◎

예수님을 믿는 우리는 양쪽의 이야기를 다 듣는 판사가 돼야 합니다. 그리고 자율이나 타율이냐를 뛰어넘어 참으로 바르고 지혜로운 신율을 갖도록 해야 합니다.

역사의 사건을 그 사실 자체로 제대로 아는 것도 중요한데, 그렇게 하기 위해서는 역사의 오른쪽과 왼쪽의 입장을 다 살펴보아야 합니다. 처음에는 어느 한쪽의 주장이 더 옳게 보인다 해도 일단은 양쪽의 이야기를 다 들어보아야 합니다. 그러고 나서 위로부터 전체를 볼 수 있는 하나님의 시각, 즉 솔로몬이 가졌던 것처럼 위로부터 오는 지혜를 가져야 합니다.

✲ 돌아보기 ✲

⊙ 자율, 타율, 신율에 해당하는 것들을 연결해 보세요. (중복 연결 가능)

	•	자기 스스로가 법이 되는 일
자율 •		
	•	자신의 뜻도 남의 뜻도 아닌 하나님의 뜻대로 살아가는 사람
	•	자기 마음 속에 경찰이 있는 사람
타율 •		
	•	자기 마음 속에 경찰이 없는 사람
	•	자율도 타율도 아닌 하나님의 시각을 따르는 일
신율 •		
	•	다른 사람이나 바깥의 제도가 그를 지배하는 법이 되는 일

5강

하나님의 관점으로 역사 보기

은혜를 기억하라

앞에서 역사가 시로 전해지는 이유가 기억하기 쉽게 하려는 것이고, 그래서 '역사는 기억 투쟁이다'라고 한 말 잊지 않았지요? 저도 나이가 들어가면서 자꾸 배운 걸 잊어버리게 됩니다. 그렇지만 절대 잊어버리면 안 되는 것은 '하나님의 은혜'입니다. 내가 하나님의 자녀가 되었다는 사실과 나를 낳아주시고 길러주신 부모님의 은혜는 결코 잊어서는 안 됩니다.

잊지 않으려는 노력이 바로 기억 투쟁입니다. 이스라엘 백성의 이야기를 살펴보면서 기억 투쟁이 중요한 이유를 다시 생각해봅시다. 출애굽 한 이스라엘 백성이 여호수아와 함께 드디어 약속의 땅 가나안에 입성했습니다. 무려 40년이 넘는 오랜 시간이 걸렸습니다. 그런데 그 이후에 고작 한 세대만에 이스라엘 백성들은 하나님을 기억하지 못하게 되었습니다. “아브라함의 하나님, 이삭의 하나님, 야곱의 하나님”이라는 고백이 끊어져 버린 것입니다.

제가 목회하면서 제일 슬픈 일은 신앙의 대代가 끊긴 것을 볼 때입니다. 평소 기도를 많이 하셨던 어느 권사님이 돌아가셔서 제가 장례예배를 인도하러 장례식장에 갔습니다. 권사님의 자녀들이 장성하여 판검사, 의사, 기업주가 되었다는 이야기를 전해 들었습니다. 그런데 그 자녀들이 모두 예수님을 믿지 않는 무신론자들이었습니다.

권사님이 돌아가시기 전까지 자녀들의 신앙을 위해 열심히 기도하였을 것입니다. 하지만 그들은 예수님을 믿지 않고 있었습니다. 세상 기준으로는 성공했다고 말할지 모르겠지만 영원한 것을 잃어버리고 살아가는 그들의 모습을 보면서 제 마음이 너무나 안타까웠습니다.

장례예배를 드리러 왔다고 했더니 자녀들이 기독교식으로 예배를 드리고 싶지 않다는 의사를 밝혔습니다. 이런 상황에서 제가 어떻게 했을까요? 여러분이 그 자리에 있었다면 어떻게 하겠습니까? 저는 이렇게 대답했습니다.

“어머님의 소원이 뭘까요? 여러분은 기독교식으로 예배드리지 않겠다고 하지만 천국 가는 길에 어머님의 소원대로 하는 것이 좋을까요? 아니면 여러분의 뜻대로 하는 것이 좋을까요? 어머님이 평생 자녀들을 위해 기도했기 때문에 지금의 여러분이 있는 것 아닐까요? 그러므로 기독교식으로 예배드리는 것이 좋겠습니다"

자녀들은 제 말을 듣고 고민하다가 제 의견을 받아들였습니다. 저는 그날 미리 준비했던 엄숙한 장례 설교를 집어치우고 힘차게 복음을 전하는 설교를 하였습니다.

우리는 하나님과 부모님에게서 왔다

역사가 기억 투쟁이라면, 우리는 무엇을 기억해야 할까요? 창조주 하나님과 그분이 우주 만물을 창조하시고, 시간을 만드시고, 나를 창조하셨다는 사실을 기억해야 합니다. "어리석은 사람은 마음속으로 하나님이 없다 하는구나시14:1"라고 말한다지만, 또한 "주님을 경외하는 것이 지혜의 근본이요, 거룩하신 이를 아는 것이 슬기의 근본이다잠9:10"라고 성경은 말하고 있습니다.

하나님이 없다, 하나님이 죽었다고 말하는 사람들이 공부를 많이 한다고 해서 과연 다른 사람들에게 어떤 유익을 주겠습니까? 피조물인 인간이 하나님이 없다고 하며 창조주 하나님을 반역한 결과 예수님이 이 땅에 오셔서 그 모진 고초를 당하셔야 했습니다. 우리의 미련한 생각과 행동 때문에 우리 예수님께서 얼마나 큰 고통을 받으셔야 했는지요. 우리의 잘못이었기에 우리 스스로 대가를 지불해야 했음에도 불구하고 예수님은 우리의 구원자가 되어 주셔서 우리를 나쁜 영靈에서 건져내셨고 진리의 영이신 성령님께 인도하여 하나님의 자녀로 회복시켜 주셨습니다.

우리는 창조주 하나님과 구원자 예수님을 기억하고 또 기억해야 합니다. 우리가 살아가면서 겪게 되는 상처나 아픔, 원수 갚는 일 같은 나쁜 것은 모두 잊어버리고, 나의 근본이 은혜로운 하나님으로부터 왔음을 반드시 기억해야 합니다.

◎ ◎ ◎

우주선 밖에서 우주 유영을 하는 사람들을 보면 우주복에 무슨 호스 같은 것이 연결된 것을 볼 수 있습니다. 마치 갓난 아기의 탯줄 같습니다. 탯줄이란 아기가 엄마 배 속에 있는 동안 엄마로부터 영양분을 공급받는 통로입니다. 우주인은 호스를 통해 생존에 필요한 산소를 공급받습니다. 그 호스가 탯줄 같은 역할을 하는 거지요.

저는 아기가 태어나는 모습을 본 적이 있습니다. 엄마의 배에서 나온 태아가 탯줄을 통해 여전히 엄마의 몸과 연결되어 있었습니다.

탯줄을 잘라내도 그 흔적으로 배꼽이 남습니다. 아기의 생명이 엄마와 연결돼 있었다는 증거가 남는 것이죠. 배꼽은 모든 사람의 근본이 자기 엄마라는 것을 알려주는 흔적입니다.

그런데 요즘 사람들은 자기 삶의 근본인 엄마까지도 잊어버리는 것 같습니다. 어떤 불효자가 "엄마가 나한테 해준 것이 뭐가 있어?"라고 무례하게 말하는 것을 들었습니다. 성경에 "말세에는 부모에게 순종하지 아니하며 감사할 줄 모르며 딤후3:2"라는 말씀이 있는데 그 말씀보다 더 심한 말입니다.

우리는 우리가 부모님한테서 왔음을 반드시 기억해야 합니다.

과거와 미래를 모두 아시는 하나님

역사는 인간의 이야기입니다. 크게는 인류 전체의 이야기이고, 작게는 나의 이야기입니다. 그런데 나(인간)라는 존재가 어디서 갑자기 뚝 떨어진 것이 아닙니다. 나라는 사람이 있기 전에 누군가가 있었기 때문에 내가 있는 것입니다. 우리는 부모님뿐 아니라 역사에서 나의 근본이 되는 분들을 기억하고 또 기억해야 합니다.

창세기 1장은 우주와 시간 그리고 인간의 '시작'을 이야기합니다. 반면에 요한계시록은 우주와 시간과 인간의 '완성'을 이야기합니다. 성경은 이렇게 처음과 끝, 알파A와 오메가Ω를 모두 보여주고 있습니다.

역사를 말할 때 어느 한 사건이나 한순간만 보고 판단을 내린다면 그건 온전하다

> 신약 성경은 헬라어(그리스어)로 쓰였습니다. 그런데 헬라어 알파벳의 첫 글자가 알파A이고 마지막 글자가 오메가Ω입니다.
>
> 그래서 '알파와 오메가'라 하면 '처음과 끝'이라는 의미가 됩니다. 성경에서 유래한 표현인데 모든 사람들이 즐겨 쓰는 표현입니다.

고 할 수 없습니다. 그 일의 시작과 끝을 다 알아야 올바르게 판단할 수 있습니다. 그래서 우리가 역사 이야기를 하려면 하나님 이야기로부터 시작할 수밖에 없습니다. 하나님께서 역사의 처음과 끝이신데, 하나님을 빼고 역사를 이야기하면 불완전한 것이죠. 그러므로 하나님을 아는 일이 중요합니다.

다행히도 성경은 하나님에 대해서 자세하고 친절하게 이야기해주고 있습니다. 게다가 성경은 영원부터 영원까지를 말하고 있습니다. 하나님의 시간은 영원하고, 한없이 큰 무한대입니다. 창세기는 이 무한대의 시간 속에서 인간의 창조 이전에 있었던 우주의 시작과 온 천하 만물의 시작부터를 이야기하고 있습니다.

우리는 기록을 통해 과거의 역사를 알 수 있습니다. 하지만 미래의 일은 기록으로 알 수 없습니다. 사람은 과거에 대해서만 기록할 수 있을 뿐, 미래에 대해서는 기록이 있을 수 없기 때문입니다.

우리는 언제나 현재를 살아갑니다. 과거는 경험이나 기록

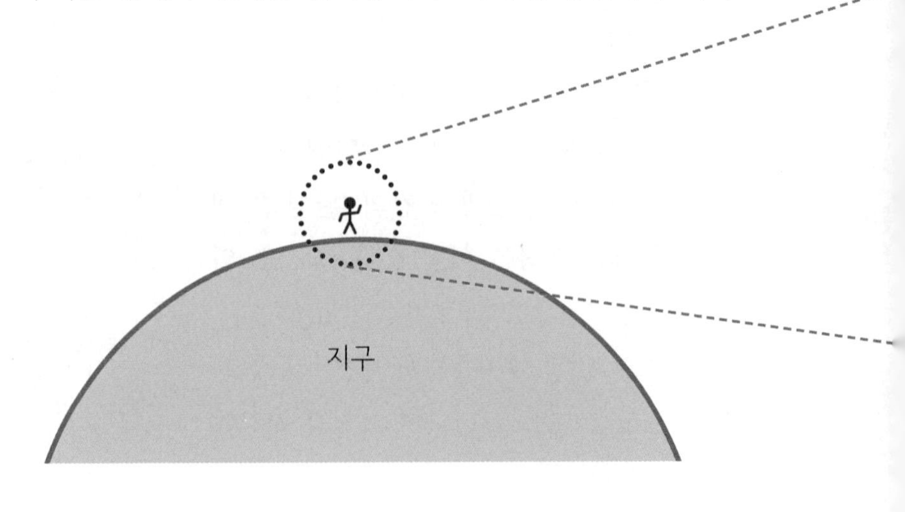

을 통해 기억하고, 가까운 미래에 대해서 조금 예측해 보기도 합니다만, 먼 미래에 대해서는 단지 기대만 가질 뿐입니다. 그래서 과거보다 오랜 과거(기록이 없는 과거), 그리고 미래보다 더 먼 미래는 아무도 모르고 살아가는 것입니다.

하지만 과거와 현재와 미래를 초월하여 알고 계시는 분이 있습니다. 그분이 누구일까요? 하나님입니다. 하나님은 과거와 현재와 미래를 모두 아십니다.

성경의 마지막 책인 요한계시록은 예수님이 요한에게 환상으로 보여 준 미래 이야기입니다. 그 미래 이야기 중의 일부는 시간이 흐르며 성취되었고 현재 시점에서 인류의 역사로 전환되었습니다. 남은 미래 이야기들도 하나님의 때에 성취될 것으로 믿습니다.

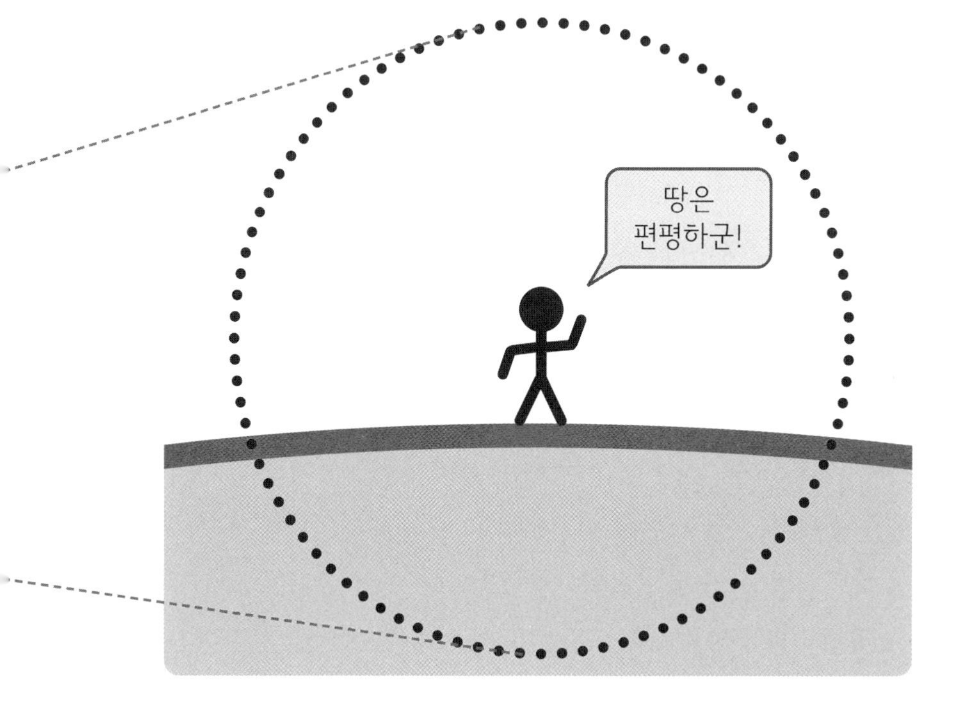

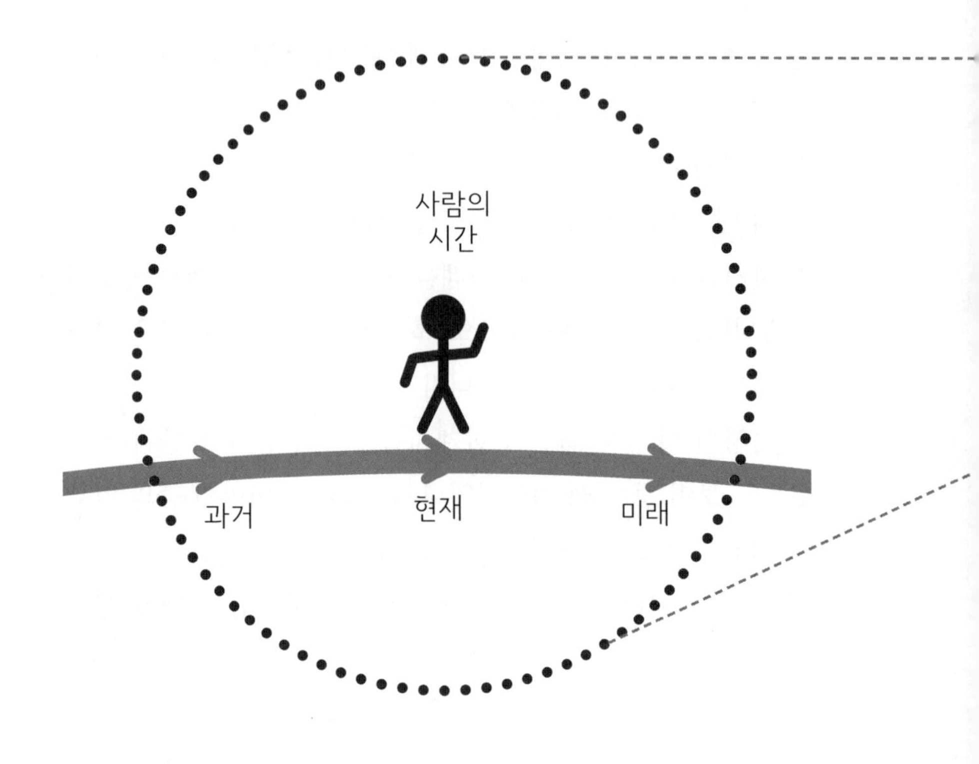

시간과 공간을 초월하신 하나님

우리는 지구가 둥글다고 알고 있는데 정작 일상생활에서는 땅이 그냥 편평하다고 느낍니다. 지구라는 동그라미가 우리에 비해 너무 크다 보니 그 동그라미 위의 한 점에 올라와 있는 우리는 우리 주변이 편평하다고 느끼는 것입니다.

하나님의 시간과 인간의 시간도 이와 비슷하게 이해해 볼 수 있습니다. 영원이라는 원圓의 시간에서 순간을 살아가는

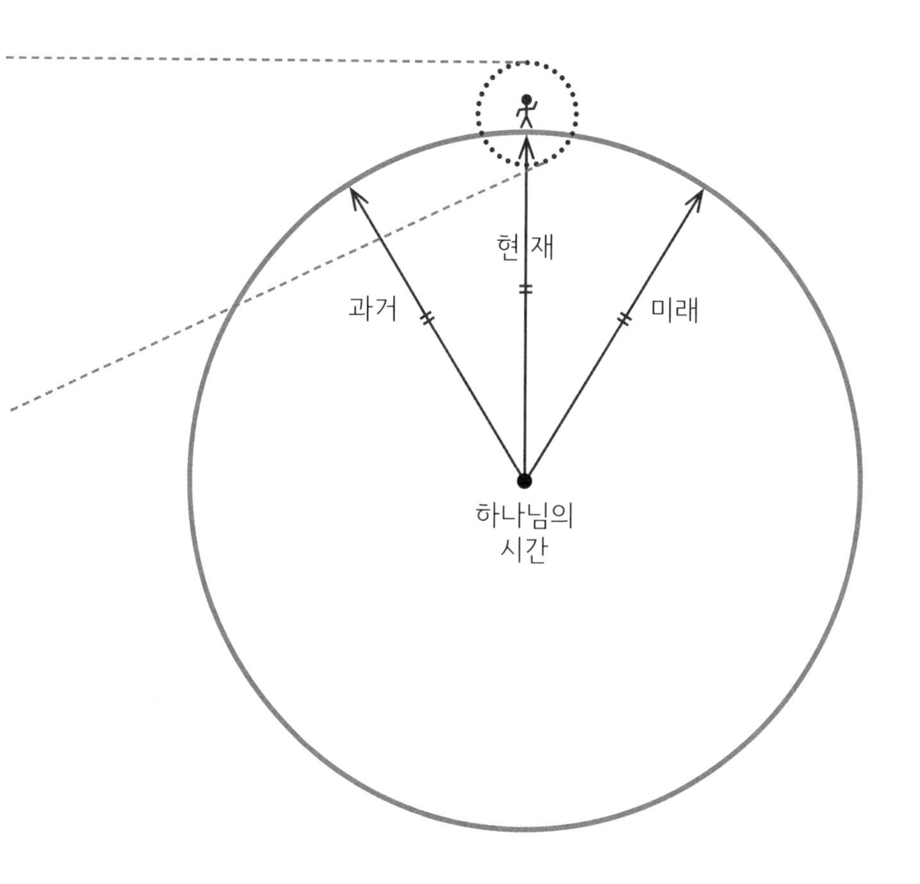

인간은 원주의 한 점에 서 있는 것과 같습니다. 그렇다 보니 인간에게는 시간이 직선적으로 흐른다 느껴집니다. 과거가 항상 내 뒤에 있고 미래는 내 앞에서 다가옵니다. 이것이 인간의 시간입니다.

그런데 원의 중심에서 보면 원주까지의 거리가 다 같습니다. 하나님이 보시는 시간은 이와 같습니다. 원의 중심에서 원주까지의 거리가 항상 같은 것처럼, 시간의 중심이신 하나님에게는 과거·현재·미래가 다 같습니다. 인간에게는 과거, 현재

그리고 미래가 전혀 다른 시간으로 보이지만, 하나님 보시기 어제나 오늘이나 내일이 다 동일합니다. 하나님에게는 모든 시간이 '영원한 현재(eternal now)'가 되는 것입니다.

> 예수 그리스도께서는 어제나 오늘이나 영원히 한결같은 분이십니다. 히13:8

이처럼 하나님을 중심으로 시간을 보면 과거와 현재와 미래가 동同시대성이라는 것을 알 수 있습니다. 그래서 우리가 과거의 과거, 미래의 미래를 알고 싶다면 시간의 중심이신 하나님께 접속되어야 합니다.

하나님께 접속된 모세는 과거의 과거인 창조의 시간을 보면서 창세기를 쓸 수 있었고, 하나님께 접속된 요한은 미래의 미래인 종말의 시간을 보면서 요한계시록을 쓸 수 있었습니다. 여러분도 하나님께 접속해 보세요. 하나님의 지혜와 지식에 통달하게 될 것입니다.

덧붙여 공간도 마찬가지입니다. 이제는 평면의 원이 아니라 입체인 구球를 생각해봅시다. 구의 중심에서는 어느 곳이든 같은 거리가 됩니다. 이처럼 우주의 중심이신 하나님은 우리가 어느 곳에 있든지 '동同공간성', '동同세계성'으로 언제 어디서나 임마누엘로 함께 하고 계십니다.

키에르케고르는 "신앙은 동시대성이다"라는 말을 했습니다. 시간의 중심이신 하나님이 보시기에 3,500년 전의 모세나 2,000년 전의 베드로나 현재를 사는 우리나 모두 같은 시대에 있는 것입니다.

◎ ◎ ◎

우리가 보고 이해하는 세상과 하나님이 알고 계신 세상이 결코 같을 수 없습니다. 그러므로 한낱 우리의 생각 수준으로 하나님의 말씀을 이해하고 해석하려 해서는 안 될 것입니다. 우리는 하나님께서 주관하시는 과거와 현재와 미래를 동시대적으로 이해할 줄 알아야 합니다.

천지창조에 문제가 있다고요?

어떤 사람이 창세기를 읽고 나서 문제가 있어도 단단히 있다고 항변했습니다. 셋째 날에 땅을 만들고 거기에서 식물들이 나오게 했는데, 정작 해와 달과 별은 넷째 날에 만들었으니, 이것이 큰 문제라는 겁니다. 아직 해도 없는 날에 식물이 먼저 만들어졌으니 식물들은 광합성작용을 할 수 없었을 것이라며 순서에 문제가 있음을 지적합니다. 이런 사람에게는 뭐라고 설명해주어야 할까요?

하나님께서는 천지를 만드시던 첫째 날에 빛이 있으라고 말씀하셨습니다. 그러니까 셋째 날 전에 이미 빛이 있었던 셈입니다. 그 빛은 어떤 빛이었을까요?

요한계시록에는 하나님의 성에서 해와 달의 비침이 쓸데없다고 기록되어 있습니다. 하나님 스스로가 빛이시기 때문에 해와 달이 없어도 밝은 것입니다. 빛의 원천이 하나님이십니다. 하루 광합성을 못 한다고 식물들이 다 죽어버릴 리도 만무하지만, 하나님만 계시면 해가 없어도 식물들이 충분히 광합성작용을 하고 모든 먹거리가 만들어질 수 있다는 사실을 알아야 합니다.

따라서 여러분은 과학을 공부하다가 문제가 있다는 생각이 들어도, 성급하게 성경이 잘못됐다고 말하지 않기를 바랍니다. 의심하기 위해 글을 읽는 사람에게는 모든 부분이 다 틀려 보일 뿐입니다.

하나님이 넷째 날에 해와 달을 만드셨다는 점은 시사하는 바가 있습니다. 태양을 신으로 섬기는 나라가 있었는데, 바로 이집트입니다. 반면에 달을 신으로 섬기는 나라가 있었으니 메소포타미아입니다. 이런 강대국 사이에 낀 나라가 이스라엘입니다. "고래 싸움에 새우 등 터진다"라는 말이 있지요. 이스라엘이 바로 그 새우에 해당하는 작은 나라입니다.

성경에 등장하는 인물의 이름에 '바'나 '벤'이 들어가면 '△△의 아들'이라는 뜻입니다. 예를 들면, 신약 성경에 나오는 소경 바디메오는 디메오의 아들이 되겠지요.

이집트의 왕을 바로(파라오Pharaoh)라고 부르지요. 바로는 로의 아들이라는 뜻입니다. '로'는 '태양'을 뜻해요. 따라서 바로는 태양신의 아들이라는 말입니다.

이스라엘 주변의 강대국들이 아무리 강하다 해도 그들은 고작 넷째 날에 창조된 해와 달과 별을 우상으로 숭배했을 뿐입니다.

반면 그 강대국들 사이에 작은 나라 이스라엘은 모든 것을 창조하신 하나님을 섬겼지요. 우리 역시 하나님의 자녀로서, 하나님의 피조물에 불과한 해·달·별을 섬기는 것이 아니라 그것들을 창조하신 창조주 하나님을 바르게 섬겨야 할 것입니다.

우리는 하나님의 형상 그분의 자녀

여기서 기억할 것은 우리가 하나님의 자녀요, 하나님의 형상이라는 점입니다. 하나님의 형상이라는 것은 우리가 하나님의 대리통치자라는 뜻이기도 합니다. 고대 중국에서는 황제를 천자天子라 불렀습니다. 하늘을 대신하여 천하를 다스리는 자라는 의미였습니다. 그러나 성경에 따르면 예수 그리스도를 맞아들인 사람마다 하나님(天)의 자녀(子)가 된다고 합니다. 진짜 천자天子는 우리들인 것입니다.

> 그러나 그를 맞아들인 사람들, 곧 그 이름을 믿는 사람들에게는, 하나님의 자녀가 되는 특권을 주셨다. 요1:12

이집트에서는 태양신의 아들만 왕이고, 다른 모든 사람은 노예 취급했습니다. 그러나 같은 시대를 살았던 모세는 창세기를 통해 인류 모두가 하나님의 형상이라는 점을 깨달았습니다.

> 하나님이 당신의 형상대로 사람을 창조하셨으니, 곧 하나님의 형상대로 사람을 창조하셨다. 하나님이 그들을 남자와 여자로 창조하셨다. 하나님이 그들에게 복을 베푸셨다. 하나님이 그들에게 말씀하시기를 "생육하고 번성하여 땅에 충만하여라. 땅을 정복하여라. 바다의 고기와 공중의 새와 땅 위에서 살아 움직이는 모든 생물을 다스려라" 하셨다. 창1:27-28

이집트에서 한낱 노예에 불과했던 이스라엘 백성에게 하나님은 '너희가 나의 대리통치자다'라고 말씀해 주셨습니다. 그렇기에 사람 위에 사람이 없고, 사람 아래 사람이 없습니다. 사람은 누구나 동등한 하나님의 형상입니다. 그런 하나님의 관점으로 세계의 역사를 기록한 것이 성경입니다.

창세기는 인간이 여섯째 날에 만들어졌다고 이야기하고 있습니다. 아담이 만들어지고 나서 곧바로 성경을 기록했다고 하더라도 그가 경험하지 못한 첫째 날부터 다섯째 날까지의 일은 어떻게 알고 기록할 수 있을까요? 아담 스스로는 결코 알 수 없습니다. 태초에 일어난 일들을 인간의 경험으로는 알 수 없는 것입니다. 그러나 하나님께서는 인간에게 계시의 영으로 태초의 일을 알려주셨습니다.

◎ ◎ ◎

그렇다면 하나님의 대리자인 우리가 통치할 대상은 누구

일까요? 성경은 우리가 자연을 비롯하여 영적인 것, 즉 사탄과 마귀와 귀신들까지 다스리는 왕이 될 것이라고 가르쳐 줍니다.

또한 성경에 따르면 세상의 온갖 짐승들과 피조물이 우리의 죄로 인하여 신음하고 있습니다. 실제로 오늘날 우리 인간의 죄 된 활동 때문에 환경이 오염되고 생태계는 무너지고 있습니다. 하나님의 대리자인 우리는 자연을 회복하고 온전히 보존하는 데에도 신경을 써야 합니다.

인간의 관점을 넘어 하나님의 관점으로

나라와 나라 사이를 가장 빠르게 가는 교통수단이 무엇인지 알고 있나요? 비행기지요. 대개 비행기는 하늘 중에서도 대기권이라 불리는 부분을 날아다닌 답니다. 비행기가 빠르기는 하지만 무한정으로 빠르지는 못합니다. 기계적 성능의 한계도 있지만, 대기권 안에서는 공기의 저항으로 인해 그렇게 빨리 움직이기 어렵습니다. 그래서 비행기로 한국에서 미국을 갈 때 아무리 빨라도 15~16시간 정도 걸리지요.

그런데 이 비행기를 원래 다니는 하늘(대기권)보다 더 높은 하늘, 즉 대기권 바깥으로 내보냈다가 수직으로 하강하게 하면 중력의 영향으로 놀랍도록 빠른 속도에 도달할 수 있다고 해요. 이론상으로는 이런 방법으로 북반구에 있는 나라는 어디든지 30분 안에 갈 수 있다고 합니다. 상상이 안 가는 속도입니다. 실제로 이런 원리를 이용해서 대륙 간 탄도 미사일을 개발한 나라들도 있습니다.

역사를 해석하는 관점을 여기에 빗대 생각해 볼 수 있습니다. 과거에 대해서든 미래에 대해서든 인간의 관점이나 해석은 한계를 가질 수밖에 없습니다. 마치 대기권을 비행하는 비행기처럼 말이죠. 그러나 우리가 우리 생각의 대기권을 벗어나 하나님의 관점까지 올라간다면, 우리의 이성과 상식을 넘어서는 통찰을 가질 수 있습니다. 하나님의 관점으로 역사를 꿰뚫어 볼 수 있는 것이지요.

아담과 모세는 하나님이 부어주신 계시의 영을 통해 하나님께서 천지를 창조하신 것을 고백할 수 있었고, 기록할 수 있었습니다. 오늘날 우리는 하나님이 주신 특별계시인 성경을 통해서 하나님의 관점을 얻을 수 있습니다.

성경을 공부해서 우리 생각의 대기권 밖인 하나님의 지혜와 계시의 세계로 올라가면 인간이 쌓아 올린 지식과 경험을 초월해서 역사와 시대를 볼 수 있게 됩니다. 그 관점을 얻은 후 세상 역사와 인문학을 접하면 비상한 해석을 내릴 수 있습니다.

다시 강조하지만, 이것이 우리가 성경을 알아가야 하고 세상의 지혜와 지식도 배워야 할 이유입니다.

✲ 돌아보기 ✲

⊙ '역사는 기억 투쟁이다'라는 말의 의미는 무엇인가요? (옆의 사람과 이야기를 나눠 보세요.)

⊙ '바로'는 '로의 아들'이란 뜻이고, '바디메오'는 '디메오의 아들'이란 뜻이라 배웠습니다. 그렇다면, 사도행전에 나오는 바나바, 바예수라는 이름도 그런 식으로 해석할 수 있을까요? 그들 이름의 뜻은 무엇이 되나요? (옆의 사람과 이야기를 나눠 보세요.)

⊙하나님께는 과거, 현재, 미래가 다 같은 시간일 수 있는 이유를 그림으로 그려 설명해 보세요.

6강 인생의 두 가지 질문

하나님과의 관계에 대한 질문

창세기에서 하나님은 인간에게 두 가지 질문을 하셨습니다. 이것은 역사에서 가장 중요한 질문이기도 합니다. 첫째는 "네가 어디 있느냐창3:9" 하시며 불순종한 아담에게 던지신 질문입니다. '하나님과의 관계'에 대한 질문이었죠. 둘째는 "네 아우 아벨이 어디 있느냐창4:9" 하시며 살인한 가인에게 물으신 질문입니다. 그것은 '사람과의 관계'에 대한 질문이었습니다.

위 두 질문을 문장으로만 보면 부사와 동사가 같습니다.

"어디 있느냐" 하는 질문입니다. 세계적인 학자들이 말하기를 인간에게 가장 중요한 질문은 '내가 어디에 있는가'라는 것이랍니다. 우리는 자신이 지금 어디에 있는지를 알아야 합니다. 나의 현재가 어떤 과거에서 왔고, 나의 미래가 어디로 가고 있느냐를 아는 것은 중요합니다. 무엇보다 하나님이 찾으실 때 내가 어디에 있으며, 내 동생(이웃)이 어디에 있는지 알아야 합니다.

먼저 "네가 어디 있느냐"에 대해 생각해봅시다. 1960년대에 최희준이라는 유명한 가수가 부른 노래 중에 「하숙생」이라는 유행가가 있습니다.

> 인생은 나그네 길
> 어디서 왔다가 어디로 가는가

인생이 나그네 길인 것은 맞는데 "어디서 와서 어디로 가는가"에는 답하기가 어렵습니다.

성경은 하나님께서 사람을 창조하셨다고 처음부터 선언합니다. 사람이 하나님에게서 와서 하나님께 돌아가는 것이라고 답을 알려줍니다.

어떤 사람들은 자신이 진화라는 우연의 산물이라고 합니다. 또는 자기는 그저 자기 조상들에게서 왔을 뿐이라고 말합니다. 그러면서 하늘에 계신 하나님이 자기 아버지임을 인정하지 않습니다.

물고기가 물속에서만 살면서 수면 위로 새가 날아가는 세상은 모르고 살듯이, 피조물의 세계 속에서 평면적인 시각으로 살아가는 사람은 위에 계신 하나님을 생각하지 않는 것입니다.

그래서 인간의 역사 그 자체에는 구원이 없습니다. 오죽하면 '역사의 절망'이라는 말이 있을까요? 죄 가운데 살아가는 세상은 소망과 기쁨보다는 불교에서 말하는 고통이 훨씬 많습니다. 모두 죽는 일만 있습니다.

그렇지만 우리가 하나님에게서 와서 하나님에게로 돌아간다는 사실을 믿고, 위에 계신 하나님을 바라보면 역사에 소망이 생깁니다. 구원이 시작됩니다.

사람과의 관계에 대한 질문

이제는 "네 아우 아벨이 어디에 있느냐"라는 질문에 대해 생각해봅시다. 가인이 살인하기 전에창4:9, 아담이 하나님과의 관계가 먼저 잘못되어 있었다는 것창3:9을 기억해야 합니다. 하나님과 인간 사이의 관계가 어그러지니까 사람과 사람 사이의 관계도 빗나가는 것입니다. 그래서 우리는 "△△야, 네가 어디 있느냐"라는 첫째 질문부터 정직하게 답을 해야 합니다.

하나님과의 관계에 문제가 생기면 하나님과 멀어집니다. 그러니 자기에게는 하나님이 없어 보이지요. "내 눈에 보이지 않아서, 내가 확신할 수 없다고, 그러니까 하나님은 없다"고 말한다면 과연 그게 지혜로운 일일까요? "어리석은 사람은 하나님이 없다고 한다시14:1"는 말씀이 괜히 있는 것이 아닙니다.

하나님 앞에서 나의 존재, 즉 하나님과의 관계에 대해 답할 수 없는 사람은 하나님 앞에서 자기 자신을 당당하게 드러내지 못합니다. 아담처럼 하나님 앞에서 숨어버립니다. 그리고 하나님 없는 사람처럼 자기 마음대로 살아갑니다. 그런 걸 죄라고 합니다.

그리고 그렇게 자기 마음대로 살면 어떻게 되나요? 이웃에게도 해를 끼치게 되지요. 하나님과의 관계가 나빠졌을 때, 결국 우리는 이웃과의 관계에서도 문제를 일으키게 되는 것입니다.

도스토옙스키가 쓴 『죄와 벌』을 보면 "하나님과 관계가 상실된 사람은 못 할 짓이 없다"라는 말이 나옵니다. 노아 시대에 실제로 그런 일이 있었습니다. 사람이 하나님의 말씀대로 살지 아니하고 "하나님의 아들들이 사람의 딸들의 아름다움을 보고, 저마다 마음에 드는 여자를 아내로 삼았다창6:2"라고 성경은 고발합니다.

하나님과 조금씩 멀어지기 시작하더니 언젠가부터 하나님은 완전히 잊고 뭐든 자기 맘대로 하는 시대가 된 것입니다. 그런 일은 하나님 보시기에 악한 일이 됩니다. 인류는 그러한 악행을 이어가다가 마침내 홍수로 심판을 받게 되었습니다.

◎ ◎ ◎

하나님이 아담을 만드시고 하와를 짝으로 지어주셨습니다. 그래서 아담은 하와를 향해 아담은 “뼈 중의 뼈요, 살 중의 살이다”라고 말했는데, 뼈와 살이 언급된 순서도 기억해야 합니다.

남자와 여자가 만나 결혼하면 뼈를 깎는 삶의 고통도 있지만, 부부가 같이 살을 맞대고 사는 즐거움도 있습니다. 두 사람이 만나서 서로 아픔을 함께한 후라야 참된 즐거움과 기쁨도 누릴 수 있다는 뜻입니다. 그런데 요즘 사람들은 살이 먼저입니다. 살로 느끼는 쾌락이 먼저이다 보니 뼈를 깎는 고통이 오는 순간에는 함께하지 못하고 이혼까지 하는 것입니다.

질문에 올바로 답하는 인생

Joy이란 단어에 접두어 en이 붙으면 ‘즐기다’라는 뜻의 동사 enjoy가 되는데, 영어 속담에 “Enjoy now, pay later!(지금 마음껏 즐기고, 값은 나중에 치러라)”라는 말이 있습니다. 코카콜라도 이런 문구로 광고한 적이 있는데 이런 말은 사탄이 즐겨하는 말입니다. 우리를 속이는 말이죠. 실제 인생은 그렇지 않습니다. 대가를 지급하지 않으면 반드시 고통이 따라오게 되어 있습니다.

그렇기에 예수님은 그렇게 말씀하시지 않습니다. 오히려 이렇게 말씀하십니다.

> "Pay now, enjoy later!" "지금 힘든 일에 대해 대가를 지불하여라. 힘들어도 순종하고 열심히 하면 너만이 아니라 타인에게도 기쁨을 맘껏 나눌 수 있다."

이것이 그분의 메시지입니다.

세상에서는 사탄이 왕 노릇 하고 있습니다. 하지만 어둠이 빛을 비추면 물러가게 되듯이 우리가 하나님의 말씀을 듣고 기도하며, 좁은 길을 가게 되면 사탄은 물러가게 됩니다. 그렇게 우리가 세상의 빛이 되면, 나만 기뻐하고 끝나지 않습니다. 빛은 숨겨지지 않기 때문입니다. 우리의 이웃들도 우리로 인해 기뻐하게 됩니다.

미국의 정치인 오바마가 가인과 아벨의 이야기에서 인용해서 멋진 문구를 만들어 명연설을 한 일이 있습니다. 미국이 약한 사람들을 보호해야 한다는 취지에서 한 연설이었습니다.

2004년 미국 매사추세츠 주 보스턴에 있는 플리트센터에서 대선에 출마했던 민주당의 존 케리 상원의원이 당시로는 무명이었던 한 흑인 정치인을 찬조연설자로 불러 세웠습니다. 그가 바로 오바마였습니다. 오바마의 당시 연설문의 일부를 소개합니다.

> "미국의 중심이자 링컨의 땅인 위대한 일리노이 주를 대신해 제가 이처럼 중요한 모임에서 여러분에게 연설할 수 있는 특권을 부여받아 감사드립니다. 오늘은 특별히 저에

게 영광스러운 날입니다. 보시다시피 제가 이 연단에 서 있다는 것은 일어날 수 없는 일이기 때문입니다. 내 아버지는 케냐의 조그만 마을에서 태어나고 자라 미국으로 유학을 온 외국 학생입니다. 그는 염소를 치면서 성장했고 양철 지붕으로 된 학교에 다녔습니다. 그의 아버지, 저의 할아버지는 노예였습니다. (중략) 만일 시카고 남부에 글을 읽지 못하는 소년이 있다면, 그 아이가 제 아이가 아닐지라도 그 사실은 제게 중요합니다. 만일 어딘가에 약값을 지급하지 못하는 노인이 의료비와 월세 중 하나를 택해야 한다면, 그녀가 제 할머니가 아닐지라도 제 삶마저 가난하게 됩니다. 만일 어떤 아랍계 미국인이 정당한 법적 절차 없이 체포당했다면, 그것은 제 시민권에 대한 침해입니다."

버락 오바마(1961~)는 미국의 제44대 대통령이다.

연설을 듣고 있던 이들은 다들 숨을 죽였습니다. 몇몇은 감동하여 눈물을 흘리기도 했습니다. 그런데 다음에 이어진 이 말을 듣고는 모든 청중이 일어나 환호와 갈채를 보냈다고 합니다.

"저는 다음과 같은 근본적인 믿음이 있습니다. 저는 제 형제를 지키는 자입니다!(I am my brother's keeper!) 저는 제 자매를 지키는 자입니다! 이것이 바로 이 나라를 작동하게 합니다. 이것이 우리가 우리의 개인적인 꿈을 추구하지만, 미국이라는 하나의 가족으로 모이게 하는 것입니다. 우리는 여럿으로 구성된 하나입니다."

이 연설이 성경의 어떤 이야기에서 따온 것이라는 걸 금세 눈치 채셨지요? 가인은 "네 아우 아벨이 어디 있느냐?"라는 하나님의 질문에 "내가 내 아우를 지키는 자이니까?(Am I my brother's keeper?)"라며 비아냥댔습니다. 하지만 오바마는 가인이 했던 말을 반대로 한 것입니다. "저는 제 형제를 지키는 자입니다!(I am my brother's keeper!)" 하면서 말입니다.

우리가 알다시피 오바마는 나중에 일리노이 주의 상원의원이 되었고, 2008년에는 흑인 최초로 미국의 대통령이 되었으며, 2012년 재선까지 성공했습니다.

◎ ◎ ◎

우리는 인생을 살아가면서 하나님의 두 가지 질문을 반드시 기억해야 합니다. 그 질문에 올바로 대답하는 삶을 살아야 합니다. 하나님 앞에서 죄를 짓지 않았다면, "하나님 제가 여기 있습니다"라고 대답할 수 있습니다. 이웃과의 관계에 있어서도 남에게 해를 끼치지 말고 오히려 이웃을 지켜주는 삶을 살아가야 합니다. 그것이 역사의 질문에 올바로 답하는 인생입니다.

✲ 돌아보기 ✲

⊙ 아래로 내려가며 관계된 것끼리 줄로 이어 보세요.

하나님을 사랑하는 일과 관계된 질문	이웃을 사랑하는 일과 관계된 질문
"네가 어디 있느냐?"	"네 아우 아벨이 어디 있느냐?"
"네, 저는 제 아우(이웃)을 지키는 사람입니다."	"네, 하나님, 제가 여기 있습니다."

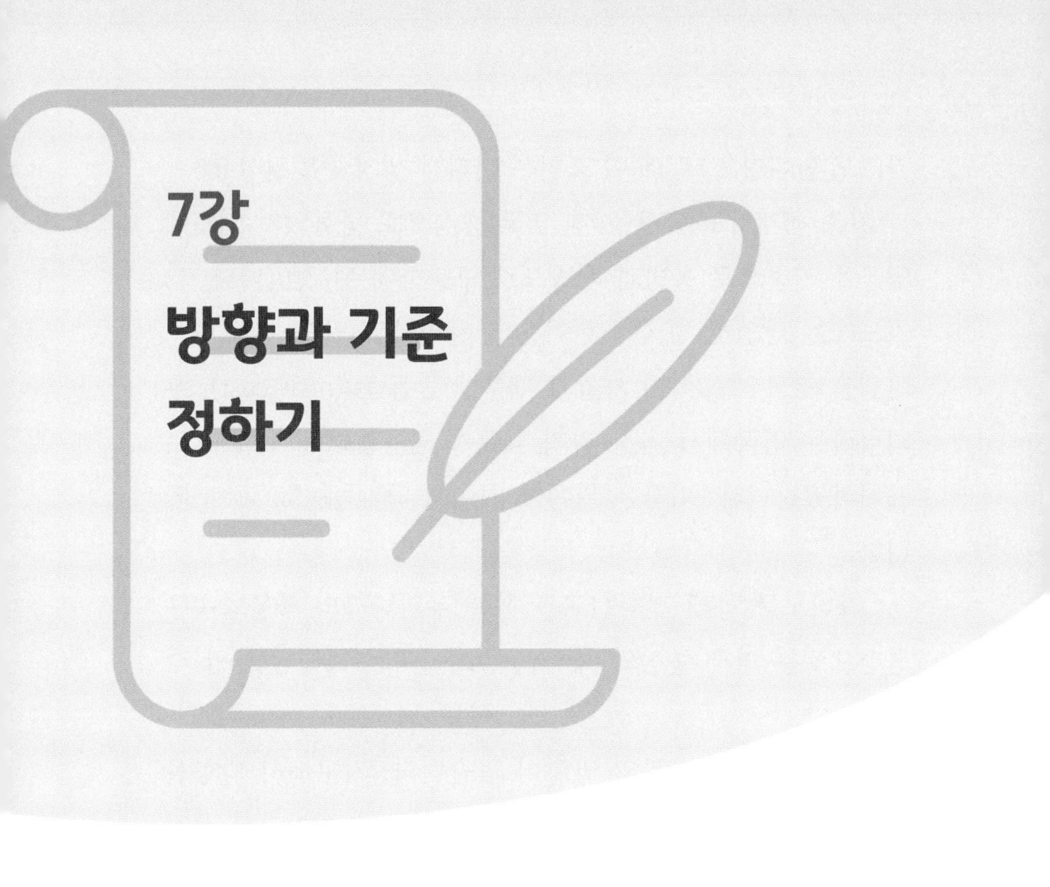

7강 방향과 기준 정하기

방향과 시간의 기준

우리가 사용하는 연대의 기준은 B.C.(Before Christ)와 A.D.(Anno Domini)입니다. 예수님이 세상에 오신 역사적 사건을 기준으로 해서 그 이전과 이후로 나눈 것입니다. 우리의 인생도 예수님과 만남 이전과 이후로 나눌 수 있습니다. 그러므로 예수님의 이야기(History)를 통해서 나의 이야기(my story)를 만들어내는 것이 본 책의 목적이라고 할 수 있습니다.

세계사를 공부해보면 의외로 서양보다 동양의 이야기가 더 많이 나옵니다. 서양은 서방이라고도 하고 동양은 동방이라고도 합니다. 그런데 이 표현은 어디서 생겨난 말일까요?

처음 세계지도를 만들 때, 영국 중심으로 만들었기 때문에 영국을 기준으로 동방과 서방으로 구분하게 된 것입니다. 그 지도에는 당연히 영국이 한가운데 자리하고 있습니다. 이스라엘은 영국의 동쪽에 가깝기 때문에 근동近東(near east), 우리나라는 영국에서 가장 멀기 때문에 극동極東(far east)으로 표시하였습니다. 미국은 왼쪽에 있어서 극서極西(far west)입니다.

라디오를 통해 전파선교를 하는 우리나라의 극동방송은 한편으로는 영국 중심의 세계관으로 지어진 이름임을 알 수 있습니다.

지구에는 동서남북의 방향이 있습니다. 지구에서 방향을 찾을 때의 기준은 어디일까요? 일반적으로 북쪽이라고 생각합니다. 밤하늘에 뜬 북극성은 우리에게 북쪽을 가르쳐 줍니다. 나침반의 바늘 역시 항상 북쪽을 가리킵니다.

우리가 나침반 방향대로 북쪽을 바라보고 섰을 때, 우리의 오른쪽이 동쪽이 되고, 왼쪽이 서쪽이 된답니다. 그래서 나침반이 가리키는 방향을 기준으로 잡으면 자기가 가야 할 방향을 정할 수 있습니다.

그런데 옛날 사람들은 가야 할 방향을 동쪽으로 잡기도 했습니다. 북쪽과 서쪽은 깜깜한 밤에는 춥고 무섭지만, 동쪽은 해가 떠오르면 어둠이 물러가고 따뜻한 바람이 불어오기 때문입니다.

게다가 지구가 둥글다는 걸 알기 전에 유럽 사람들은 자신들의 서쪽은 바다(대서양)가 전부라고 생각했기에 그들에게 서쪽은 탐험의 대상이 아니었습니다. 반면 동쪽으로는 끝없어 이어지는 땅과 나라들이 있었습니다. 그들은 당연히 눈에 보이는 동쪽의 땅을 먼저 지향했습니다. 그래서인지 영어로 오리엔트Orient라는 말은 '동양'이라는 의미와 동시에 '방향'이란 의미도 함께 가지고 있습니다.

대학에 입학하든지 회사에 입사했을 때 먼저 오리엔테이션orientation을 하지요. 오리엔테이션이란 말은 새로운 곳에 새로 온 사람에게 살아가는 방향 잡기, 또는 살아갈 방법을 알려준다는 의미입니다.

그렇다면 오늘 우리는 어느 나라를 중심으로 방향을 잡고 역사를 보아야 할까요? 바로 하나님 나라입니다. 그리고 하나님 나라의 설명서는 바로 성경입니다. 성경이 우리 삶의 오리엔테이션인 셈이지요. 그러므로 성경을 중심으로 나의 인생의 방향 잡기를 하면 가장 정확한 방향 잡기가 되는 것입니다.

◎ ◎ ◎

옛날에는 시계가 없었습니다. 그렇다면 약속을 어떻게 잡았을까요? 시계가 없던 시절에는 하늘에 떠 있는 달이 시계 역할을 했습니다.

초승달, 상현달, 보름달, 하현달, 그믐달 등은 날짜에 따라 달라지는 달의 모양을 묘사한 달의 여러 가지 이름입니다. 초승달은 저녁에, 그믐달은 새벽에 떠오릅니다. 그래서 여러분은 그믐달을 쉽게 보지 못했을 것입니다.

지금은 밤중에 자다가 화장실을 가고 싶으면 집 안에 있는 화장실에 가면 됩니다. 하지만 제가 어려서 속초에서 살 때는 화장실이 집 밖에 있었습니다. 그래서 한밤중에 혼자서 화장실을 가려면 무서워서 누나나 형을 깨워서 같이 갔습니다. 그럴 때 밤하늘을 보면 그믐달이 떠 있곤 했지요.

여러분이 제일 좋아하는 달은 무슨 달입니까? 대부분 보름달을 좋아할 것입니다. 각 민족의 유명한 명절이 보름달이 뜨는 날에 있습니다. 우리나라에서도 정월 대보름과 추석 한가위가 보름이지요. 유대인들이 지키던 수난절과 유월절도 보름이고, 추수감사절인 장막절도 모두 보름입니다.

왜냐하면 어두운 밤에 보름달이 비추면 불을 밝히지 않아도 환해져서 활동하기가 좋기 때문입니다. 대낮처럼 환한 조명시설이 없었던 옛날에 해가 지고 어두운 밤에 모이는 모임은 대부분 보름달이 뜰 때 열렸습니다.

사람들은 명절이 오기까지 달의 모양이 변하는 것을 보면서 명절을 손꼽아 기다리기도 했습니다. 옛날 사람들이 양력이 아닌 음력을 주로 사용했던 것은 바로 그런 연유입니다.

달은 이렇게 시간적 기준으로 이용하기도 했지만, 여성의 신체적 변화와도 밀접한 관련이 있어요. 옛날에는 결혼하기 전의 여성들은 머리에 빨간색 댕기를 달고 다녔습니다. 그것은 이 여성이 초경을 했고 아가씨(아기의 씨를 담을 수 있는 여인)가 되었음을 상징하는 것이었습니다. 아무나 댕기를 달고 다니는 것이 아니었지요. 누구든지 댕기를 단 이 아가씨와 혼인하고 싶으면 청혼할 수 있다는 것을 사람들에게 알리는 것이었습니다.

여성은 평균적으로 한 달에 한 번씩 생리를 합니다. 이것을 예전에는 '달거리'라고 표현했는데 신기하게도 여성의 생리주기와 달이 변하는 주기가 같습니다. 그래서 혼인한 여성이 임신하면 달이 변하는 주기가 열 번 반복된 후 아기가 태어납니다. 그래서 바벨론에서는 달을 생산의 여신으로 숭배하는 문화도 생겨났지요.

우리 삶의 표준, 성경

이처럼 방향을 탐지하거나 시간을 감지할 때에는 무언가 기준이 필요합니다. 그런데 그 기준이 없으면 어떻게 될까요? 방향을 찾기가 어렵고 시간을 감지하기도 힘들고 일상을 살아갈 때 큰 문제가 생기겠지요?

맞습니다. 우리 삶에도 기준이 필요합니다. 특별히 우리 인류에게는 절대적인 표준이 필요합니다. 그렇기 않고 각 사람이 자기 나름의 기준을 갖고 살아간다면, 모두가 자기만 옳다 할 터이니 인간 사회는 대혼란을 피할 수 없을 것입니다.

하나님이 우리에게 삶의 표준으로 주신 것이 성경입니다. 그런 의미에서 성경(또는 정경正經)을 Canon이라고 부릅니다. Canon은 규칙을 뜻하는 그리스어 '카논κανών'에서 유래된 말입니다. 음악에서 이 용어가 사용될 때는 엄격한 규칙에 따라 앞의 음을 모방하거나 일정한 음계 규정에 따라 연주하는 경우라 합니다.

우리에게 성경은 평생의 규칙이자 기준이며, 모든 사람이 따르고 모방해야 할 삶의 원칙이 됩니다. 삶의 기준인 성경을 통해 모든 것을 생각하고 판단하면 쉽게 흔들리지 않는 사람이 될 수 있습니다. 지혜로운 사람이 될 수 있습니다. 성경이 우리가 살아가는 삶의 표준임을 반드시 기억하세요.

성경에서 증거와 기준을 찾은 사람들

유럽인들에게는 『일리아스』와 『오디세이아』가 우리나라의 단군 할아버지 이야기와 같다고 할 수 있습니다. 호메로스Homeros의 서사시인데 서양에서는 많은 사람이 어려서부터

이를 듣고 자라면서 거기에 나오는 트로이 전쟁에 대해서 알고 있습니다. 하지만 트로이가 실제로 발견되기 전까지는 사람들이 지어낸 신화 같은 이야기로만 여겼습니다.

그런데 '이 이야기가 역사에서 실제로 발생했던 사건은 아닐까' 하고 탐구했던 한 사람이 있었습니다. 바로 하인리히 슐리만Heinrich Schliemann입니다.

하인리히 슐리만(1822~1890)은 독일 출신의 사업가이자 고고학자이다.

그는 가난한 목사의 아들로 태어났지만, 일리아스와 오디세이아 이야기를 들으면서 트로이 전쟁이 신화가 아닌 역사적 사건일 것이라는 생각으로 연구를 거듭했습니다. 당시 그는 유명한 사람도 아니었습니다. 그래서 유물을 발견하기 위한 경비를 마련하기 위해 일을 하면서 독학으로 언어 공부도 열심히 했습니다. 마침내 그가 제일 먼저 찾아간 곳이 어디였을까요?

사도행전을 보면 바울이 복음을 전할 때 성령께서 아시아(터키)에서 전하는 것을 막으셔서 바울은 '드로아'라는 곳에 이릅니다. 거기서 밤에 환상 중에 마게도냐마케도니아(그리스 북부) 사람들이 "와서 우리를 도우라"고 하는 것을 봅니다.

드로아! 그는 이 드로아라는 지명이 트로이와 발음이 비슷하다고 느꼈습니다. 그래서 성경을 역사적으로 공부하기 시작했습니다. 그리고 기도했습니다. 마침내 그는 드로아가 트로이라는 것을 증명할 수 있는 엄청난 유물들을 발굴할 수 있었습니다.

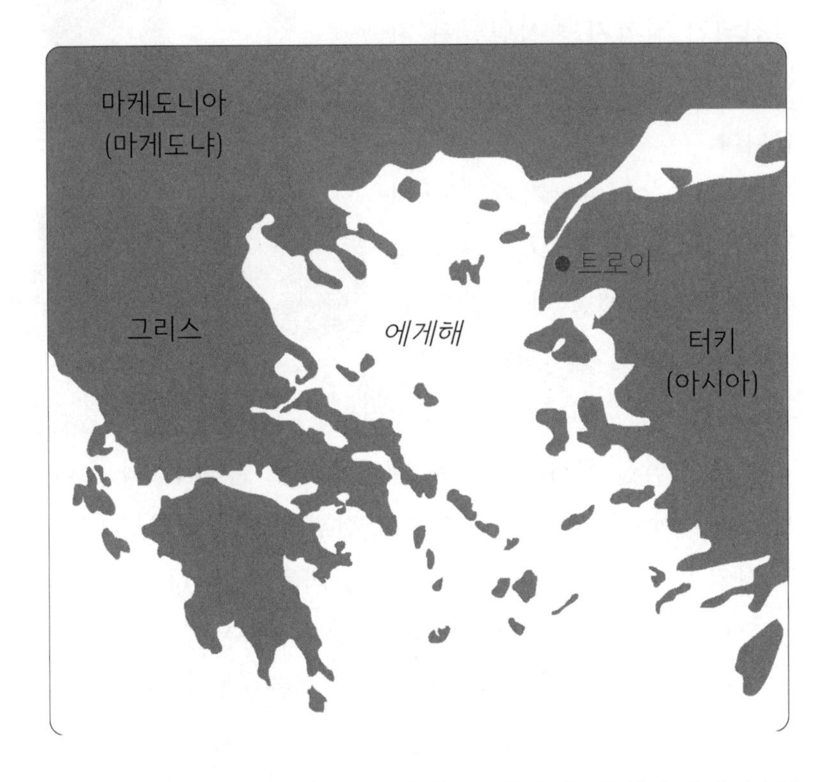

스탠다드오일 회사의 부회장은 성경의 창세기에서 역청(아스팔트)이 많이 언급되고 노아가 방주를 만들 때 역청을 썼다는 말씀을 보고, 이 역청이 원유일 것이라는 생각을 어려서부터 했습니다. 그래서 성경에 역청이 기록된 역사적 지명을 찾아서 파기 시작했더니 석유가 쏟아져 나왔다는 이야기도 있습니다.

성경을 통해 바닷길을 발견한 사람의 이야기도 흥미롭습

니다. 미국 버지니아의 리치몬드에는 한 손에는 해도海圖를 다른 한 손에는 성경을 든 해양학자 매튜 모리Matthew Fontaine Maury의 동상이 세워져 있습니다.

그가 병에 걸려 침상에 누워 있던 어느 날 그의 장남이 성경을 그에게 읽어주고 있었습니다. "공중의 새와 바다의 물고기와 바닷길에 다니는 것이니이다시8:8"라는 부분에서 모리는 아들이 읽는 것을 잠시 중단시키고 그 부분을 다시 읽어보라고 하였습니다.

'바닷길(해로海路, path of the sea)'이라 기록된 그 부분을 다시 들은 후 모리는 외쳤습니다.

> "그것으로 충분하다. 만일 바다에 해로가 있다고 성경에 기록되었으면 그것은 거기에 있음이 분명하다. 나는 해로를 찾아낼 것이다."

그리고 몇 년이 지나지 않아 그는 해류와 해로에 대한 도표를 작성할 수 있었고, 해로의 발견자로 불리게 되었습니다. 모리의 발견이 있기 전까지는 어떤 해도나 항로도 없었습니다. 그의 『바다 자연 지질학(The Physical Geography of the Sea)』은 현대 해양학의 첫 교과서가 되었습니다.

이렇듯 성경은 그 자체로 뛰어난 역사책일 뿐만 아니라 우리 사회의 발전에 실제적인 영감을 주는 책입니다. 수많은 고고학적 유물과 과학적 증거들은 성경의 역사가 사실임을 지속적으로 증거합니다.

❊ 돌 아 보 기 ❊

⊙ 영어에서 동양이라는 뜻과 함께 방향이라는 뜻을 가진 말은 무엇인가요?

____

⊙ 아래 그림의 달의 모양을 보고 이름을 붙여 보세요.

✲ 돌아보기 ✲

⊙ 맞는 것끼리 줄로 이어 보세요.

⊙ 혹시 여러분의 삶의 기준이 되는 대표 성경 구절이 있나요? 있다면 아래에 적어 보세요.

____

____

____

____

나

성경 속의 세계 역사

8강

노아 홍수와 수메르 문명

노아 홍수와 길가메시 신화

성경에 나오는 노아는 수메르 문명 시대의 사람입니다. 성경을 제외하면, 당시 세계 문명에 대해 역사적인 자료로 삼을 만한 것이 거의 없습니다. 그런데 수메르에는 우리나라의 단군신화처럼 길가메시 신화라는 것이 전해져 내려오고 있습니다. 그 내용이 노아 이야기와 비슷합니다.

길가메시 신화를 보면 아주 오랜 옛날에 길가메시라는 할아버지와 그 부인이 자녀가 없이 살다가 뒤늦게 자녀를 낳고 경건하게 살았다고 합니다. 그런데 신이 내려와 그들에게 말하기를 "얼마 후에 홍수가 날 테니 방주를 지으라"라고 하여 그대로 하였더니, 정말로 홍수가 나서 모든 사람이 죽었습니다. 오직 길가메시 가족만 구원받고 자녀들을 낳아 그 자손이 세상에 퍼졌다는 이야기입니다. 수메르 신화에도 이런 이야기가 나오는 것을 보면 노아가 역사적 인물이라는 사실은 더욱 분명합니다.

역사는 옛날 옛적의 오래된 이야기입니다. 그렇다 보니 이 오래된 이야기를 우리가 믿을 수 있는지를 먼저 확인하는 일이 중요합니다. 증거를 살펴야 하는 것이죠.

법정에서 어떤 사람을 죄인이라는 것을 마음으로 짐작하여 아는 것을 심증心證이라고 합니다. 그런데 아무리 강한 심증이 있더라도 법정에선 의미가 없습니다. 왜냐하면 반드시 물증物證이 있어야 하기 때문입니다. 만일 역사의 법정이 있다고 가정한다면, 거기에서도 마찬가지입니다.

역사에서 최고의 물증은 문헌입니다. 역사를 기록한 책이지요. 문헌이 아니어도 고고학적 유물도 물증입니다. 유물이 발견되면 그것을 통해서 어떤 역사가 실제의 역사인지 아니면 신화인지, 참인지 거짓인지 알 수 있습니다. 즉, 역사의 사실 여부를 가리는 학문의 법정에서는 고고학적인 유물과 기록된 문헌이 가장 중요합니다.

하지만 역사에서 문자가 사용된 것은 생각보다 그렇게 오래되지 않았습니다. 역사에서는 문자로 기록하기 이전을 선사시대라고 하고, 문자로 기록하기 시작한 이후를 역사시대라고 합니다. 이처럼 역사를 역사 이전과 이후로 구분하는 기준이 문자입니다. 노아 이야기와 길가메시 신화는 문자로 기록되어 있기에 역사적으로 의미가 있습니다.

그러면 성경에 기록된 노아 이야기와 수메르 문명의 길가메시 신화 중에 어떤 것이 먼저 기록된 것일까요? 문자로는 길가메시 신화가 먼저 기록되었습니다. 성경은 B.C. 1450년경 모세 때부터 기록되기 시작했습니다. 이보다 앞선 성경의 내용은 문자로 된 기록이 없고, 구두(말)로 전승된 것을 후에 기록한 것입니다.

구두로 전해진 것을 구전 또는 구두 전승(oral tradition)이라고 합니다. 반면에 문자로 기록된 것을 문자 전승이라고 하는데 역사의 법정에서는 문자가 더 중요한 증거가 됩니다. 그래서 어떤 사람들은 길가메시 신화가 먼저 기록되고, 성경의 노아 이야기가 나중에 기록된 것을 근거로 성경이 길가메시 신화를 보고 꾸며낸 이야기라는 주장을 합니다. 과연 그럴까요?

구두 전승과 문자 전승

평소에 껌을 자주 씹나요? 츄잉 껌chewing gum 특허는 영국이 갖고 있습니다. 그런데 제일 먼저 껌을 만들어서 씹은 나라는 인도입니다. 껌이 몇 천 년 동안 인도의 것이었는데 갑자기 영국의 것이 되어버린 것입니다.

영국이 인도를 오랫동안 식민지로 지배했다는 사실은 알고 있지요? 상품의 특허권은 개발한 사람을 보호해주기 위한 법입니다. 법이 도둑으로부터 개발자를 지켜줘야 하는데 영국이 껌의 특허권을 도둑처럼 훔쳐서 오히려 자기들이 만든 것이라고 주장했습니다.

당시 인도가 영국의 식민 통치를 받고 있어서 법적 판결을 영국 판사가 했는데 그 결과 영국의 특허권을 인정해주었습니다. 인도는 당시 국가의 힘이 약해서 도둑질을 당하게 된 것입니다. 현재 국제재판소는 네덜란드 헤이그에 있지만 어떤 나라가 미국과 법적 분쟁이 생겨 그 피해 보상을 국제재판소에 제소해도 거의 미국이 이깁니다. 미국의 국력이 강력하기 때문입니다.

영국이 껌의 특허권을 가지고 있다고 해서 영국이 최초로 껌을 발명한 것이 아니듯이 문자로 먼저 기록되었다고 해서 그것이 반드시 최초가 아닐 수 있습니다.

역사는 문자 이전과 이후로 나뉜다고 했지요. 문자를 최초로 만든 나라는 수메르로 알려져 있습니다. 수메르 글자의 모양이 마치 쐐기 모양처럼 생겨서 쐐기문자(cuneiform writing)라고 부릅니다.

수메르인들은 가로와 세로의 길이가 약 15cm 정도 되는 나무틀에 1.5cm 정도의 두께로 진흙을 채운 다음 거기에 문자를 기록하고는 햇볕에 말려 토판문서를 만들었습니다. 유물로 발굴되는 토판의 내용을 해독해보니 차용증이 많이 발견된다고 합니다.

진흙으로 만든 토판은 돌처럼 단단하지 않습니다. 그런데 무려 4천 년이나 지난 지금까지도 어떻게 토판이 보존될 수 있었을까요?

쐐기문자 토판

메소포타미아는 매우 건조한 지역입니다. 진흙이 물을 흡수하면 흐물흐물해져서 토판의 모양이 유지될 수가 없었겠지만, 건조한 지역에서 빠르게 마른 토판은 오랜 시간 보존이 가능했던 것입니다.

그리고 그 지역에는 많은 전쟁이 있었는데 건물이 무너지면 그 위에 흙을 쌓고 새로운 건물을 짓고, 또 전쟁이 나서 건물이 무너지면 그 위에 흙을 쌓고 다시 건물을 짓는 일이 반복되면서 건물 밑의 땅속에 토판들이 남아 있게 된 것입니다. 1950년대부터 마리 지역에서 발견된 마리 문서를 비롯하여 많은 토판이 발굴되고 있습니다.

이런 이야기를 하는 이유는 문자 전승이 먼저냐? 아니면 구두 전승이 먼저냐? 하는 논쟁에서 무조건 문서가 이긴다고 착각할 수 있기 때문입니다.

옛날 사람들은 종교적인 영역에서 문서만 중요시 여기지는 않았습니다. 사실 입에서 입으로 전해지는 구전을 더 중요하게 생각했습니다. 그래서 종교인들은 전통적으로 책이 있음에도 불구하고 무조건 암송을 했습니다.

참고로, 이스라엘에서 어른이 되는 조건은 모세오경을 암송하는 것입니다. 지금도 정통 이스라엘 사람들은 성경 암송이라는 전통을 지키면서 살아갑니다. 유대인은 자녀가 고등학교를 졸업하면 가능한 바로 결혼을 시키는데 젊어서 낳은 아이들에게 글자를 배우기 전부터 어머니가 모세오경을 암송시킵니다. 그래서 암기력이 늘고 두뇌가 발달하게 됩니다. 어려서부터 성경을 배우고 암송하는 전통 방식대로 살아왔기 때문에 지금까지 유대인이 노벨상을 가장 많이 받는지도 모릅니다.

종교적인 이야기는 문자가 없었던 고대로부터 말로 전승된 것입니다. 노아 이야기가 기록된 연대가 길가메시 신화가 기록된 연대보다 늦다고 해서, 노아 이야기가 길가메시 신화를 베껴 낸 이야기나 거짓된 이야기라고 말할 수 없다는 것입니다. 문자 전승 이전에 구두 전승이 있었다는 걸 잊지 말아야 합니다.

수메르 문명이 최초로 문자를 만들어서 길가메시 신화를

기록했지만 많은 성경학자는 성경에 나오는 노아 이야기가 먼저라고 이야기하고 있습니다.

길가메시 신화의 토판은 기원전 20세기 무렵에 만들어진 것으로 추정합니다. 바벨탑 사건이 기원전 22세기 무렵으로 추정되는데, 바벨탑 사건으로 인한 언어의 혼란 이후, 함의 자손들이 니므롯과 그 후계자들을 신격화하기 위해 창조와 홍수 이야기를 각색하여 자신들의 이야기인 것처럼 꾸며낸 것이 바로 길가메시 신화입니다. 구두 전승으로 내려오던 성경의 이야기를 자신들의 이야기로 바꾼 결과 많은 사람을 혼란에 빠뜨리고 성경에 의문을 가지게 한 것이지요.

사탄은 흉내쟁이요, 꾸며내기 선수입니다. 기록으로 남겨진 문서가 우선이라고 하면서 성경은 거짓말이고 가짜라고 주장한다면 그건 하나만 알고 둘은 모르는 일이 됩니다. 길가메시 문서는 단지 성경보다 기록된 시기가 빨랐을 뿐입니다.

세상의 문서를 그대로 믿으면 안 됩니다. 참인지 거짓인지 분별해야 합니다. 거짓말을 문서로 써놓았다고 무조건 믿을 수 없습니다. 거짓말하는 사람일수록 알리바이를 잘 만들어 놓습니다. 신약시대에도 복음을 교묘하게 바꾼 사람들이 있었습니다. 하지만 바울은 그것을 경고했습니다.

> 어떤 사람이 와서 우리가 전하지도 않은 다른 예수를 전해도 여러분은 그러한 사람을 잘도 용납합니다. 여러분은 우리에게서 받지 아니한 다른 영을 잘도 받아들이고, 우리에게서 받지 아니한 다른 복음을 잘도 받아들입니다. 고후

11:4

무지개 언약

노아 시대 홍수 심판 이후 하나님은 다시는 홍수를 일으켜서 세상을 심판하지 않겠다고 약속하셨습니다. 그 언약의 표로 무지개를 구름 속에 두겠다고 하셨습니다. 그때부터 무지개는 하나님과 땅 사이에 세우는 언약의 표가 되었습니다.창 9:13

무지개는 히브리어로 케쉐트קשת인데, 이것은 활이라는 뜻입니다. 무지개는 '하늘에 걸려있는 활'을 의미하는 것이죠.

그런데 무지개를 자세히 보면 둥그렇게 굽어진 것이 활시위를 팽팽하게 당긴 모양입니다. 이 공중에 걸려있는 활을 인간이 밑에서 당기면 어떻게 될까요? 하늘 끝에 있는 하나님이 맞게 되겠죠. 그런 의미에서 무지개에는 하나님의 자기 저주가 담겨 있습니다. 왜 하나님은 이렇게 당신께 불리한 상징이 될 수 있는 무지개를 우리에게 언약으로 주셨을까요?

인간이 약속을 깨뜨릴지라도 하나님께서는 마지막까지 책임지신다는 의미로 해석해 볼 수 있습니다. 그렇게 생각하니 참 자비로운 하나님이시죠? 우리가 먼저 하나님을 사랑한 것이 아닙니다. 우리가 죄인 되었을 때 하나님께서 먼저 찾아오셔서 손을 내미시고 우리를 받아들이셨다는 성경의 근본 가르침롬5:8이 무지개에도 담겨 있습니다.

◎ ◎ ◎

무지개와 관련한 흥미로운 이야기를 하나 덧붙이겠습니다. 무지개가 몽골어로 솔롱그입니다. 그런데 몽골 사람들은 한국 사람들을 보면 솔롱거스solongos라고 부릅니다. 한국을 무지개의 나라로, 한국 사람들은 무지개의 나라에서 온 사람들로 표현하는 것이죠. 그래서인지 모르겠지만, 몽골 사람들은 자기네처럼 몽고반점이 있는 한국 사람들을 사촌 정도로 여긴다 합니다.

성경과 역사를 공부하는 이유

노아 시대의 홍수 심판 이후에도 인간들은 정신을 못 차렸나 봅니다. 바벨탑을 쌓으면서 그 꼭대기를 하늘에 닿게 하려 했습니다. 그것은 하나님처럼 되겠다는 교만이었습니다. 하나님과 같이 되겠다며 선악과를 따먹은 아담과 하와의 행동과 다를 바 없었습니다.

하나님께서 분명히 다시는 홍수로 심판하지 않겠다는 말씀을 하셨는데 그 말씀을 믿지 못하고 자기 힘으로 하나님의 심판을 피해 보려고 애를 썼습니다. "이렇게 탑을 높이 쌓으면 혹 다시 홍수가 와도 잠기지 않겠지? 어디 올 테면 와 봐" 하는 생각으로 바벨탑을 쌓은 것이죠.

또한 그들은 "온 지면에 흩어짐을 면하자"고 했는데, 그것은 생육하고 번성하여 땅에 충만하라는 말씀에 불순종하는 일이었습니다. 첫 사람 아담의 범죄와 바벨의 범죄는 본질상 똑같습니다.

그래서 하나님은 바벨탑을 쌓은 사람들의 죄를 심판하였습니다. 언어를 혼잡하게 하여 서로 소통하지 못하도록 하였고, 사람들이 세계 각 곳으로 흩어지게 하였습니다.

인류가 이렇게나 정신을 못 차리고 계속해서 하나님 앞에서 반역만 일삼다니, 하나님 입장에서는 너무나 실망스러운 일이었습니다. 그런데도 하나님은 우리를 포기하지 않으셨습니다. 그 소망이 없는 사람들 가운데, 믿음의 사람 아브라함을 축복의 통로로 선택하셨습니다. 하나님께서는 아브라함을 통해 우리에게 믿음과 순종을 가르쳐 주셨습니다.

◎ ◎ ◎

오늘 우리가 성경과 역사를 공부하는 이유는 올바른 교훈을 얻기 위함입니다. 그러므로 우리는 성경과 역사에서 일어난 일을 남일처럼 여겨서는 안 됩니다. 역사의 실패(똑같은 패턴의 죄)를 반복하지 않도록 노력해야 합니다. 우리가 성경도 역사도 모른 채 똑같은 죄에 빠진다면, 그처럼 어리석은 일이 또 어디에 있을까요?

✲ 돌 아 보 기 ✲

⊙ **앞의 내용을 기억하며 괄호들을 채워 보세요.**

1. 역사에서는 문자로 기록되기 이전의 시대를 (   ) 시대라 하고, 문자로 기록된 이후의 시대를 (   ) 시대라 합니다.

2. 세계 최초의 문자는 (   ) 문자입니다.

3. 노아 홍수와 비슷한 이야기가 수메르의 (   ) 에도 나옵니다.

4. 노아 홍수의 이야기는 모세 시대에 문자로 적혀지기 전까지 (   )로 전승되어 왔습니다.

5. 우리가 성경과 역사를 공부하는 이유는 (   )을 얻기 위함입니다.

9강 고대 문명 이야기

4대 문명은 강에서 시작되었다

4대 문명이라 들어봤을 것입니다. 세계 각지에서 인류 역사의 초기에 발생한 네 개의 문명을 가리키는데, 그 네 고대 문명의 이름은 황하 문명, 인더스 문명, 메소포타미아 문명, 이집트 문명입니다.

이 네 문명이 자리한 곳에는 모두 세계적인 강이 흐르는데 문명은 강을 타고 흐른다는 사실을 기억해야 합니다. 사람이 모여 살다 보면 식량이 필요한데 물이 있어야 농사를 지을 수 있기 때문입니다. 또한 농산물이 부족하면 강에 배를 띄우는 무역을 하여 공급을 원활하게 할 수도 있었습니다.

당시 교통수단은 주로 노새와 낙타였습니다. 말은 전쟁이 일어날 때나 사용됐습니다. 노새와 낙타는 걸음이 느리고 짐을 싣는 양이 그리 많지 않았습니다. 그러나 배는 크게 만들어서 한꺼번에 많은 짐을 싣고 이동할 수 있었습니다. 노아 때부터 방주를 만들었기 때문에 당시 사람들에게 배를 만드는 기술은 상당히 발달해 있었을 것입니다. 이렇게 강은 식수와 농업용수로 사용되고 교통과 무역의 수단도 되었기 때문에 인류의 삶에 중요했습니다.

인류의 4대 문명은 메소포타미아를 중심으로 오른쪽과 왼쪽의 큰 강들로 구분합니다. 메소포타미아 지역의 오른쪽의 두 문명으로 인더스 문명과 황하 문명이 있습니다. 그리고 그 왼쪽에는 메소포타미아 지역에서 발생한 수메르 문명과 나일강 유역의 이집트 문명이 있지요.

우리가 북쪽을 바라봤을 때 오른쪽이 동쪽이라고 했는데

잊지 않고 있나요? 동쪽을 오리엔트Orient라고 부르는 것도 앞에서 배웠지요. 해가 뜨는 곳, 또는 동방이라는 방위의 개념으로 사용된 용어입니다.

오리엔트는 유럽의 관점에서 일반적으로 이집트·아라비아·시리아· 팔레스타인(이스라엘)·이란 등을 포함하는 지역을 가리킵니다. 로마 시대에 서유럽과 아주 다른(이질적인) 문화를 가진 동방의 세계라는 뜻이 더해져 지금의 터키인 비잔틴 제국과 이슬람 세계까지 동방의 범위가 확대되었습니다.

근래에는 유럽인의 지리적 지식이 점차 확대되면서 인도와 중국, 한국과 일본까지 포함해 거리에 따라 근동(가까운 동쪽), 중동(중간의 동쪽), 극동(먼 동쪽)을 모두 합쳐 부르는 용어로 사용되기도 합니다. 참고로 인도 북부와 중국의 서부 같은 동방 지역은 동서양을 잇는 지리적 요충지여서 실크로드 같은 무역로가 발달되었습니다.

그런 의미에서 인류의 4대 문명이 모두 오리엔트에서 발생했다고 볼 수도 있습니다. 그런데 보통은 오리엔트 문명이다 하면, 메소포타미아 문명과 이집트 문명을 가리킵니다. 서양의 동쪽에서 발생한 고대 문명으로서 서양 문명의 기원이 되는 문명을 (서양 입장에서) 오리엔트 문명이라 부르는 것이죠.

지금부터 인류의 고대 문명을 조금씩 살펴보도록 합시다.

황하 문명과 인더스 문명

중국에는 황하 강과 양쯔 강이라는 두 개의 큰 강이 있는데 두 강 중에서 문명이 처음 싹튼 곳은 북쪽의 황하 유역(화북 지방)이었습니다. 기원전 3,000년경부터 황하의 기름진 황토 지대에 한족漢族의 조상들이 조와 수수 따위를 재배하면서 마을을 이루고 살기 시작했습니다.

그들은 개와 돼지 같은 가축을 기르고, 나무와 돌로 만든 도구를 사용하였는데 거칠고 투박한 회도(회색 토기)와 함께 아름다운 채도(채색 토기)도 만들어 썼다고 해요. 회도는 중국에서만 볼 수 있는 독특한 토기로 다리가 3개 달린 삼족 토기가 그중에서도 유명합니다.

기원전 2,000년경에 이르자 황하의 하류 지방을 중심으로 여러 곳에 큰 마을이 생겨났습니다. 이 마을들은 차츰 읍邑이라 불리는 도시 국가로 발전했지요. 읍은 토성土城으로 둘러싸여 있었습니다. 그래서 國(나라 국)이라는 한자의 '口'는 입 구(口)가 아니라 토성을 나타낸 것이라고 합니다.

황하 유역의 사람들은 사회적 발전과 함께 토기 제작 기술도 더 발전하여 얇으면서 광택이 나는 흑도(흑색 토기)를 만들어 썼습니다. 그야말로 찬란한 문명이 발생했던 곳이지요.

◎ ◎ ◎

인더스 강은 인도 북부에서 시작하여 파키스탄을 지나 인도양으로 흘러가는 강입니다. 이 강을 따라 발생한 문명 인더스 문명입니다.

오늘날 이 지역은 비교적 건조하고 황량한 모습입니다. 그러나 기원전 약 3,000년경에는 지금보다 훨씬 비옥하고 산림이 울창하여 사람이 살기 좋은 여건을 가지고 있었던 것으로 알려져 있습니다.

대표적인 유적으로는 많은 사람들이 모여 살아서 도시로 발전한 모헨조다로Mohenjo-Daro가 있습니다. 구운 벽돌을 사용하여 건물과 시설을 만들었으며 흙을 빚고 구워내는 방식으로 토우를 만들거나 청동으로 조각상을 만들기도 했습니다.

인더스 문명은 지리적으로 황하 문명과 메소포타미아 문명 사이에 있는데, 문화사적으로는 메소포타미아 문명과 더 가깝습니다. 히말라야 산맥이 인도와 중국을 나누는 자연 장벽이 되었기 때문입니다.

메소포타미아 문명과 이집트 문명

서양 문명의 근원이 된 메소포타미아 문명과 이집트 문명도 인도와 중국처럼 큰 강을 중심으로 발전했는데 이집트에는 나일 강, 메소포타미아에는 유프라테스 강과 티그리스 강이 있습니다.

성경에는 에덴동산에서부터 4개의 강이 흘러나온다고 기록되어 있습니다.창2:10 비손과 기혼은 어디인지 알 수 없지만, 나머지 두 개의 강이 바로 티그리스와 유프라테스입니다.

티그리스 강은 전반적으로 험합니다. 티그리스tigris가 타이거tiger라는 뜻인데 강줄기가 호랑이처럼 힘이 세고 험해서 생긴 이름입니다.

메소포타미아는 '포타미아(강)'와 '메소(중간)'라는 뜻의 합성어입니다. 즉 유프라테스 강과 티그리스 강 사이의 지역을 의미하는 이름입니다. 그 지역에서 수메르 문명이 발흥하지요. 세계사에서 문명의 시작으로 수메르 문명을 꼽습니다. 수메르 문명은 지리적으로 유럽과 가까운 곳에서 시작되었습니다.

오늘날 세계 역사의 중심은 미국이라고 말합니다. 거기서부터 거꾸로 훑어가 본다면, 미국의 근원은 영국과 유럽입니다. 유럽의 근원은 로마라고 할 수 있지요. 그리고 로마의 근원은 그리스, 즉 헬라로 거슬러 올라갈 수 있습니다. 헬라 문명의 근원은 이집트이고, 이집트 문명의 근원이 수메르입니다. 그러므로 수메르 문명이 서양 문명의 근원이 되는 것이지요.

수메르 문명에서 파생된 이집트 문명은 성경에서도 중요한 부분을 차지합니다. 아브라함이 가뭄이 들었을 때 잠시 이집트에 가게 되기도 하고, 이후 이집트 문명을 대표하는 요셉이 나옵니다. 또한 이집트는 400여 년간 이스라엘 백성이 종살이 하던 곳이기도 합니다. 그 이후 모세가 그곳에서 이스라엘 백성을 이끌고 탈출해 나와 하나님께서 아브라함에게 약속한 가나안 땅으로 들어가게 됩니다.

◎ ◎ ◎

이스라엘은 지리적으로 메소포타미아와 이집트의 사이에 있습니다. 그래서 이스라엘은 두 문명의 영향을 받았고, 역사적으로 두 지역에서 발생한 여러 세력들에 시달리기도 했습니다.

이스라엘에는 요단강이 있으나 크기가 작은 강이어서 교통과 무역의 기능은 하지 못했습니다. 이스라엘의 북쪽에 헬몬산이 있는데 일 년 내내 눈이 덮여있는 산입니다. 이 눈이 녹아 흘러서 갈릴리 호수로 가게 됩니다.

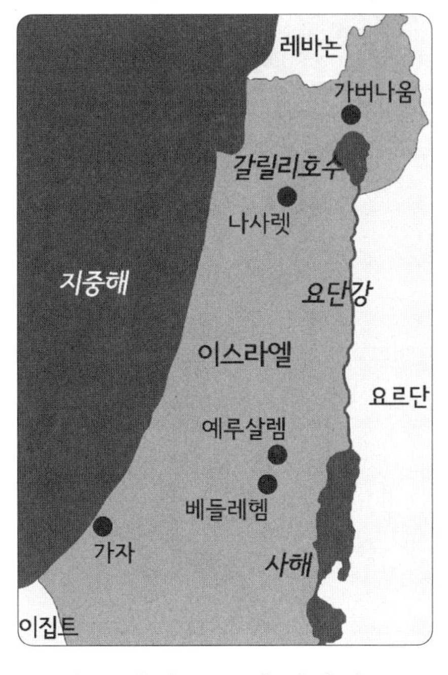

갈릴리 호수로부터 남쪽의 사해死海에 이르는 강이 바로 요단강입니다. 소금의 바다, 즉 염해鹽海라고도 부르는 사해는 물고기가 살 수 없을 정도로 염분 농도가 높아서 죽음의 바다라고 합니다. 이런 지역에서 롯의 아내가 소금기둥이 된 것입니다. 하지만 수질은 깨끗하여 좋은 소금이 생산됩니다.

옛날에는 소금(salt)을 급여(salary)로 주기도 했습니다. 그 정도로 귀했습니다. 월급을 받는 샐러리맨salaryman의 어원도 소금이랍니다. Salaryman의 sal이 소금이란 뜻이거든요. 요즘 사람들에게 진흙 팩으로도 유명한 사해는 관광지가 되었습니다. 거기서 여러 가지 광물질이 발견되면서 현재는 여러 모로 보배 같은 바다가 됐습니다.

◎ ◎ ◎

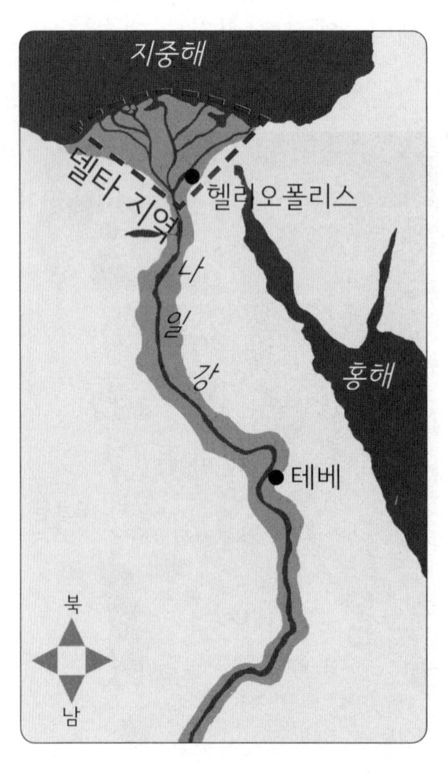

이집트의 나일 강은 세계에서 가장 긴 강입니다. 나일 강의 하류는 지중해인데, 지도에서 보면 위쪽(북쪽)이 나일 강의 하류입니다. 나일 강의 상류(남쪽)에 테베라는 이집트 고왕국 도시가 있는데, 파라오와 피라미드의 도시로 유명합니다. 하류에서는 헬리오폴리스helio-polis가 유명합니다.

강물이 바다와 만나면 상류에서 가져온 흙을 남겨두고 바다로 흘러가게 되는데 그 결과 편평한 삼각주 지대가 만들어집니다. 이집트 나일 강의 하류에는 광대한 삼각주가 있어서 예로부터 농사를 짓기가 참 좋았습니다. 그래서 이집트 문명은 이 삼각주 지역에서 시작되었습니다.

삼각주는 말 그대로 삼각형 모형의 지형을 이루는데 그리스의 역사학자인 헤로도토스Herodotus가 이집트를 방문하였을 때 나일 강의 삼각주가 그리스어의 델타Δ라는 알파벳과 비슷하게 생겼다고 해서 델타라 불렀습니다. 그래서 지금도 사람들이 나일 강 삼각주 유역을 '델타 지역'이라 부르곤 합니다.

이집트의 나일 강 하류에는 파피루스papyrus가 많이 있었어요. 파피루스는 3각형 모양의 딱딱한 줄기를 가지고 있는 물가에서 자라는 수생 식물입니다. 강물 깊이가 90cm 정도인 잔잔하게 흐르는 물에서는 그 키가 1~4m 정도 까지 자란답니다.

이집트인들은 나일 강 삼각주 지역에서 오랫동안 파피루스를 재배했습니다. 파피루스는 쓸모가 많은 식물이었기 때문입니다. 고대 이집트인들은 파피루스 줄기를 돛, 천, 방석, 밧줄, 종이를 만드는 데 다양하게 사용했습니다.

특별히, 줄기 가운데를 얇고 긴 조각으로 잘라 압착하고 말려 매끄럽고 얇은 필기 용지를 만들었습니다. 이렇게 파피루스로 만든 종이는 고대 이집트인의 중요한 문방구였습니다. 나중에 그리스인이 이를 도입했고, 로마제국에서 널리 사용되었습니다. 이것으로 두루마리 형태의 책을 만들었고 통신문과 법률 공문서로 쓰였습니다. 성경도 처음에는 파피루스로 만든 두루마리에 기록되었답니다.

파피루스에 적힌 마태복음 26장

✲ 돌아보기 ✲

⊙ 책을 돌려, 지도를 보고 인류 4대문명의 이름을 붙여 보세요.

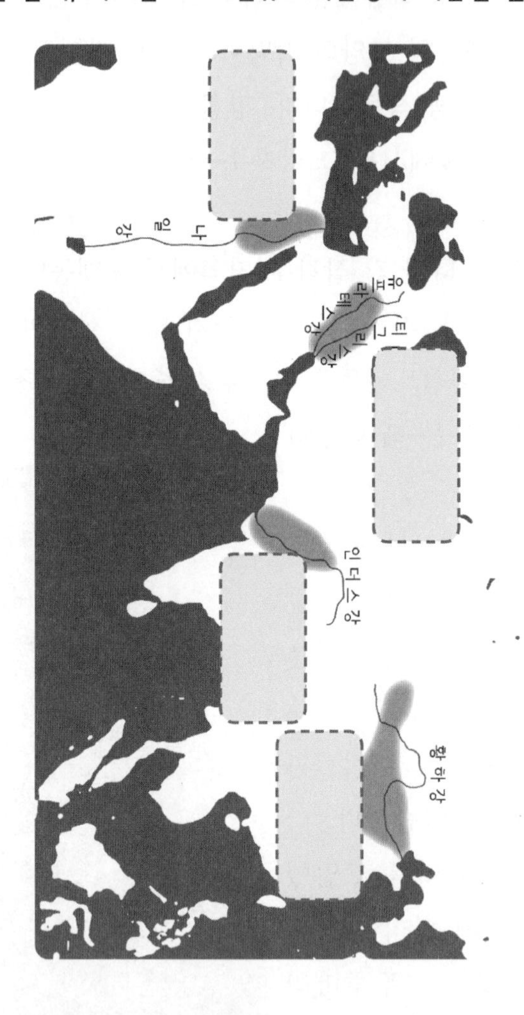

⊙ 서양 문명의 근원을 거꾸로 훑어가려고 합니다. 괄호 안을 채워 보세요.

미국 → 영국과 유럽 → (　　　　　) → 그리스(헬라)

→ 이집트 → (　　　　　)

10강
이집트 문명 이야기

이집트의 피라미드

세계에서 가장 긴 강이 바로 이집트에 있는 나일 강입니다. 상류에는 에티오피아, 우간다 같은 나라가 있습니다. 그 지방의 기후는 우리나라와 다르게 우기와 건기가 확실히 구분됩니다. 건기가 되면 비가 내리지 않아 강물이 줄어듭니다. 강의 상류에만 물이 있지 하류에는 물이 흘러 내려오지 않습니다. 그래서 건기가 되면 동물들이 물을 찾아서 상류 쪽으로 떼를 이루어 이동합니다.

나일 강 상류에 있는 에티오피아와 우간다는 나무숲이 울

창하고 물이 풍부한 나라입니다. 반면에 하류에 있는 이집트는 건기가 되면 사람들이 마실 물조차 부족해집니다. 우기에는 집중호우로 불과 30분 만에 강이 범람하기도 합니다. 이렇게 불어난 물이 이집트의 델타를 거쳐 지중해로 흘러 들어갑니다.

이집트에서는 신이 비와 물을 내려준다고 생각했습니다. 또한 이집트 사람들은 왕을 신의 아들이라고 생각했기 때문에, 왕은 물을 관리하는 치수治水의 일을 중요하게 생각했습니다. 그래서 국가적인 사업을 통해 댐이나 저수지를 만들어서 물을 가두어 놓았다가 물이 부족할 때 사용하도록 했습니다.

치수에 있어서 또 다른 문제는 우기가 되면 강이 범람하여 농지를 덮어버리기 때문에 강의 범람 후에는 농지의 경계가 사라져버린다는 것이었습니다. 어디가 누구 땅인지 쉽게 알아볼 수 없게 되는 것이죠. 그런 연유로, 농지의 면적을 측정하는 기하학(geometry)이 발달했습니다. 그러면서 이집트 사회에서는 수학도 정교하게 발달했으며 그 덕분에 피라미드 건축도 가능했습니다.

메소포타미아의 바벨탑이나 지구라트는 흙으로 벽돌을 구워 쌓아 올렸기 때문에 돌로 만들어진 피라미드처럼 오늘날까지 원형 그대로 보존되어 있지는 않습니다.

그래도 지구라트ziggurat(聖塔)는 그 형태가 남아 있는데, 그것이 인류가 고古바벨론 시대에 쌓아 올린 바벨탑의 형태와 가장 비슷할 것이라 예상해 볼 수 있습니다. 지구라트는 돌을 층층이 쌓아 올린 신전으로 그 모습이 피라미드 꼭대기의 뿔처럼 뾰족하지 않고 납작한 모양을 갖고 있습니다. 외부에 계단이 있다는 점이 피라미드와는 다릅니다.

지구라트

벽돌은 백 년을 못 가지만 돌은 천 년을 간다고 합니다. 피라미드를 돌로 쌓아 올린 이유는 이집트 왕들이 미라mirra 상태로 묻혀 영원히 살고 싶어서였습니다.

이집트인들은 태양신을 섬겼습니다. 달은 매일 모양이 조금씩 변하지만, 태양은 달과 다르게 매일 아무런 변화가 없습니다. 태양처럼 변화가 없다는 것은 영원과 이어진 것으로 생각하여, 태양을 숭배했던 것입니다.

이집트 사람들은 왕이 사후 세계에서도 영원토록 살 것으로 생각하면서 무덤 안에 생필품도 함께 묻어주었습니다.

피라미드를 따라 한 아사 왕

역대하에는 다윗 왕의 증손자 아사 왕의 죽음과 그를 다윗 성에 장사한 이야기가 나옵니다. 아사가 죽어서 그의 조상과 함께 잠들었는데 그 무덤은 아사가 미리 파 둔 것이라고 합니다.

역대하 16장 12절을 보면 아사 왕이 발에 병이 나서 위독하게 되었는데 하나님을 찾지 않고 의사들을 찾았다고 기록되어 있습니다. 그리고 죽기까지 2년 동안 자신의 무덤을 미리 준비했습니다. 피라미드까지는 아니어도 무덤을 잘 만들어서 그곳에 묻히면 영원히 살 것으로 잘못 생각했던 것입니다.

생명의 주인인 하나님을 찾지 않고 무려 2년간이나 공들여 만든 무덤은 어떤 무덤이었을까요? 보통 집을 건축하는데 6개월 정도 걸립니다. 1년을 넘겨서 공사하지 않습니다. 그렇다면 2년간 만든 무덤은 매우 큰 무덤이었으리라 충분히 짐작

피라미드

해 볼 수 있습니다.

이집트 왕이 죽기 전에 미리 피라미드를 만든다는 것을 알고 아사 왕도 그렇게 무덤을 만들었습니다. 성경에 "사람들은 향 제조법대로 만든 온갖 향을 가득 쌓은 침상에 그(아사 왕)를 눕혀 장사했다대하16:14"라는 구절이 나옵니다. 아사 왕의 시체를 미라로 만들었다는 의미입니다. 그것은 흙으로 만들어진 사람이 죽어서 흙으로 돌아가게 되는 창조 원칙을 거스른 일이었습니다.

아사 왕이 젊어서는 하나님을 의지했습니다. 덕분에 정말 이기기 힘든 전쟁에서 이길 수 있었습니다. 그런데 말년에는 주님을 찾지 않았습니다. 그의 생애를 한마디로 정리하면 '성령으로 시작했다가 육체로 끝마친 인생'입니다.

아사 왕이 피라미드를 따라했듯이 기독교 문화가 세상의 문화를 따라가면 안 됩니다. 오히려 하나님을 아는 지식을 가로막는 모든 교만을 쳐부수고 우리의 모든 생각을 사로잡아 주님께 복종시켜야 합니다. 이미 우리에게 강력한 무기가 준비되어 있습니다.

> 싸움에 쓰는 우리의 무기는 육체의 무기가 아니라, 하나님 앞에서 견고한 요새라도 무너뜨리는 강력한 무기입니다. 우리는 궤변을 무찌르고, 하나님을 아는 지식을 가로막는 모든 교만을 쳐부수고, 모든 생각을 사로잡아서 그리스도께 복종시킵니다. 그리고 여러분이 온전하게 순종하게 될 때에는 우리는 모든 복종하지 않는 자를 처벌할 준비가

되어 있을 것입니다. 고후10:4-6

이집트가 제국이 되지 못한 이유

조병호 박사의 『성경과 5대 제국』은 헤로도토스의 『역사』와 요세푸스Josephus의 『유대 전쟁사』를 참조해서 기록한 책입니다. 그런데 이 책에서는 이집트를 5대 제국으로 분류하지 않았습니다. 이집트의 문화와 문명이 그만큼 뒷받침되지 못했기 때문입니다.

본디 4대 문명의 발상지 중의 하나에서 시작된 이집트라는 나라는 부유한 경제와 강한 군사력으로 부국강병을 이루었습니다. 제국이 될 가능성이 충분히 있는 나라였습니다. 그런데 그렇지 못했습니다. 이집트의 경제와 군사력이 한순간에 무너지는 사건이 발생했기 때문입니다. 바로 출애굽(이집트에서 탈출)입니다.

성경에는 60만 명이나 되는 남성 장정이 이집트를 빠져나왔다고 기록되어 있습니다. 거기에 여성과 어린아이 등을 합치면 무려 250만 명이나 됩니다. 어쩌면 300만 명이 더 될지도 모릅니다. 당시에는 사람의 노동력이 산업 자원이자 경제 동력이었습니다. 그런데 이스라엘 사람들이 한꺼번에 빠져나오게 되니 이집트의 경제가 무너진 것입니다.

게다가 성경을 보니 이집트 사람들이 이스라엘 사람들을

떠나보내면서 금은보화를 손에 들려주었다고 했습니다. 이집트의 자산이 해외로 빠져 나간 것입니다.

설상가상으로 출애굽한 이스라엘 백성을 추격해온 이집트 군대를 하나님이 홍해에서 몰살시켰습니다. 나라의 군사력이 순식간에 상실되고, 왕까지 죽었습니다. 지금까지 발굴된 이집트 왕의 시신 가운데 익사해서 죽은 시신이 한 구 있었는데 성경 고고학자들은 그 시신을 출애굽 당시의 바로라고 추정하고 있습니다.

출애굽 이후 완전히 망할 것 같았던 이집트가 느고 왕 때에 다시 부강해집니다. 대제국 아시리아가 바벨론에게 니느웨를 빼앗기고 멸망해갈 즈음입니다. 느고 왕은 바벨론을 꺾고 니느웨를 차지하기 위해서 유프라테스 강으로 군대를 이끌고 진격하였습니다.

이때 유다의 요시아 왕이 므깃도에서 이집트의 느고 왕과 전투하다가 전사하고 전쟁에서 패하고 맙니다. 요시야가 죽은 후에 유다의 정세는 급변합니다. 왕위를 이은 여호아하스는 3개월 만에 폐위되고 여호야김이 유다의 왕이 됩니다. 전쟁의 승패에 따라 각 나라들은 서열이 생깁니다. 패배한 나라가 승리한 나라를 섬기는 것입니다. 여호야김은 자신을 왕으로 세운 이집트에 은과 금으로 조공을 바쳤습니다.왕하23:35

그렇게 이집트가 어느 정도 국력을 회복한 시기가 있었습니다. 하지만 이집트는 단 한 번도 제국이 될 만큼 번성하지 못했습니다. 출애굽의 여파가 그 정도로 컸던 것입니다.

콥틱 교인의 전통에서 배우는 신앙

현재 이집트는 이슬람 국가나 다름이 없습니다. 인구의 90%가 무슬림(이슬람 신자)입니다. 하초대교회 알렉산드리아 학파를 대표하는 클레멘트Saint Clement와 교부 오리겐Oregenes이 이집트 출신이고, 중세 어거스틴Saint Augustine이 튀니지 부근 출신입니다. 아프리카에서 이렇게 귀한 인물들을 배출했었는데 지금의 아프리카의 상황을 보면 매우 안타깝습니다.

이집트에서 기독교인 인구는 10% 정도로 보는데 대부분이 콥트 정교회 교인입니다. 콥트 정교회는 흔히 콥틱 교회(Coptic Church)라고도 합니다.

콥틱 교인들은 아이가 태어나면 아이의 오른 손목에 십자가(†)를 문신으로 새겨준다고 합니다. 이것은 요한계시록에 나오는 인印 맞은 자가 되기를 소원하는 믿음의 행위입니다. 그 아이가 평생 하나님의 사람으로 구별되어 살기를 바라는 부모의 마음이 담긴 의식입니다.

유대인들의 전통과 유사한 점이 있습니다. 유대인들은 쉐마Shema의 말씀을 손에 매어 표로 삼고, 이마에 붙여 기호로 삼으며, 집 문설주와 대문에도 써서 붙입니다.

말씀 상자를 시계처럼 손목에 매고 다니라는 것은 자기 스스로 하나님의 말씀을 보라는 의미입니다. 이마에 붙이라는 것은 다른 사람들이 내가 하나님의 사람임을 알아보게 하기 위해서입니다.

그런데 콥틱 교인들이 자녀에게 십자가를 새기는 것은 단순 보여주기 그 이상의 의미가 있습니다. 콥틱 교회의 아이들은 그 십자가 문신 때문에 공무원이 되거나 회사에 취직을 하기 어렵다 합니다. 이집트 사회의 주류이자 다수가 무슬림이기 때문입니다. 그래서 콥틱 교인들은 주로 자영업자가 된다고 합니다.

그렇게 명백하게 불리한 점이 있음에도 불구하고 지금도 콥틱 교인들은 오랜 전통을 지키고 있습니다. 당장 어려움이 있고 손해를 보겠지만 하나님의 사람으로 사는 일이 훨씬 중요하다는 것을 잘 알고 있기 때문입니다. 콥틱 교인들은 땅에서 성공한 인생보다 영원한 하나님 나라에서의 영생을 선택한 것입니다.

콥틱 자녀들 손목의 십자가 문신

✲ 돌아보기 ✲

⊙ **아래의 질문들을 갖고 옆의 사람과 이야기 해 보세요.**

1. 이집트 사람들이 태양신을 숭배했던 이유는 무엇인가요?

2. 아사 왕이 피라미드를 따라서 자신의 무덤을 만들었던 이유는 무엇인가요?

3. 이집트가 제국이 되지 못했던 이유는 무엇인가요?

4. 콥틱 교인들은 왜 손목에 십자가 문신이 있나요?

11강 황하 문명과 지평 융합

황하 문명과 인더스 문명의 차이

메소포타미아와 이집트 문명은 지리적으로 멀리 떨어져 있었어도 교류가 활발했습니다. 그런데 중국의 황하 문명과 인도의 인더스 문명은 국경을 맞대고 있으면서도 교류가 없었습니다. 가장 큰 이유는 두 나라 사이를 히말라야산맥이 가로막고 있었기 때문입니다. 또 하나의 이유로는 인도는 아시아보다 유럽에 가까운 인종으로 중국과는 언어가 달랐기 때문입니다.

불교에 공즉시색空卽是色이란 말이 있습니다. 이것을 플라톤 철학에 빗대자면 공空은 이데아idea입니다. 이데아는 모든 사물의 원인이자 본질입니다. 영어로 'ideal' 하면 '이상적인'이란 뜻이지요? 그 말의 어원이 이데아입니다. 플라톤은 현상계(appearance), 즉 현실 세계는 이데아의 그림자라고 생각했습니다. 이 현상계가 색色에 해당합니다.

플라톤은 세계를 현상계 너머에 있는 이데아와 이데아의 그림자인 현실 세계, 그렇게 둘로 나누었습니다. 이것을 이원론二元論이라 합니다.

한편, 성경에는 이런 말씀이 있습니다. "율법은 장차 올 좋은 것의 그림자일 뿐이요, 실체가 아니므로히10:1" 복음이 실체이고 이데아라는 의미입니다.

인더스 문명은 서양 그리스 문화권의 이원론과 연결됩니다. 반면 중국의 황하 문명은 일원론一元論입니다. 예를 들면, 숭본식말崇本息末이란 사자성어가 있습니다. "근본을 높이고 숭상해야 끝이 번성한다"는 뜻으로 근본의 중요성을 강조한 말입니다.

인도와 유럽은 하늘의 세계와 땅의 세계를 나눠서 생각하는 데에 익숙합니다. 그러나 우리 동양의 한·중·일은 그런 식으로 생각하지 않습니다. 결국 하늘과 땅은 하나라고 생각합니다.

예를 들어, 나무를 하나 본다고 합시다. 이원론적 사고에서는 나무를 눈에 보이는 부분과 안 보이는 부분으로 나눕니다. 줄기와 가지 그리고 꽃을 함께 보고, 눈에 안 보이는 뿌리는 따로 구분합니다.

그런데 동양의 황하 문명권은 그렇지 않습니다. 하늘과 땅이 분리되어 있는 것이 아닌 것처럼, 뿌리부터 줄기와 가지, 꽃과 잎, 열매를 모두 연결지어 생각합니다. 그래서 보이지 않는 뿌리를 든든히 하면(崇本) 말단에 있는 꽃이나 열매 등은 저절로 잘 된다(息末)는 일원론적 사고를 합니다.

이렇게 인더스 문명과 황하 문명은 사고 자체가 서로 이질적이고, 세계관이 다릅니다. 히말라야 산맥으로 인한 지리적인 단절과 함께 이와 같은 세계관의 단절이 이 두 문명의 교류를 방해했습니다.

그런데 장사꾼들이 활발하게 오가면서 이 두 문명이 교류하게 되었습니다. 또한 불교와 기독교가 전파되면서 교류가 일어났습니다. 불교의 나라 인도에서 포교를 위해 세계에서 제일 높은 히말라야산맥을 넘어 중국까지 간 것입니다.

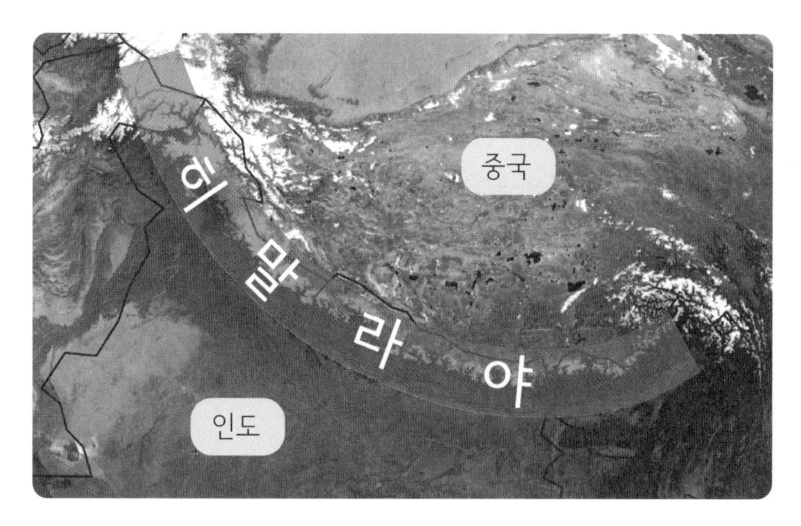

히말라야 산맥으로 단절된 중국과 인도 국경

황하 문명 이야기

중국은 북쪽의 황하 강과 남쪽의 양쯔 강(장 강)이 동과 서를 이어주고 있습니다. 수나라 양제가 중국을 통일하면서 남북의 강들을 이어주는 운하를 만들었습니다. 그 전에 진시황이 먼저 운하를 만들려고 시도한 적이 있었습니다. 중국이 서양에서 China라고 불리게 된 것은 진시황 또는 진나라의 Chin이 알려지면서부터입니다.

잠시 우리나라 이름 이야기를 해 볼게요. 프랑스 선교사 류브류크가 1253년 몽골에 파견되었다가 1255년 귀국하여 『류브류크 여행기』를 기록했는데 이 책에서 최초로 우리나라의 이름이 Corea고려로 소개되었습니다. 그 이후 19세기 말까지 거의 700여 년 동안 기록이나 지도 등에 예외 없이 Corea가 국호로 사용되었습니다.

그런데 일제강점기 때 알파벳 순서상 Japan(일본)이 앞에 나오게 하려고 C를 K로 바꾸어 사용하기 시작했습니다. 그게 굳어져 지금까지 Korea를 사용하고 있습니다.

중국도 황하 강 덕택에 문명을 이루게 되었습니다. 황하 강의 가운데가 협곡처럼 생겨서 지금은 사람이 살지 않고 있는데, 그곳에서 유물이 발견되며 고대 중국의 은殷나라가 전설 속의 나라가 아니라 실제로 존재했던 나라임이 밝혀지기도 했습니다.

은나라의 유물이 발견되기까지 재미있는 일화가 있습니다. 약 120년 전 중국의 어떤 관리가 병에 걸려서 한의사에게

약을 처방받았는데 한약 재료 가운데 하나가 거북이 껍데기였습니다. 그래서 그는 약 재료를 구해 집으로 돌아왔습니다.

그런데 마침 그의 집에 학자가 묵고 있었는데 그가 한약 재료로 구해 온 거북이 껍데기에 기록된 갑골문자甲骨文字를 발견한 것입니다. 사람들은 그 거북이 껍데기가 어디서 온 것인가를 수소문하기 시작했고, 그 결과 은나라의 유물을 찾을 수 있었습니다.

갑골 유물이 발견된 은나라는 그동안 자연의 변화로 황하강의 물줄기가 협곡처럼 가늘어지면서 사람들의 터전에서 멀어지게 되었고 오랫동안 전설 속의 나라로 남아 있었던 것입니다.

그렇다면 중국에서는 왜 갑골이 발견되었을까요? 종교는 문화의 본질이고, 문화는 종교의 형식입니다. 종교는 가장 귀한 것을 신에게 제물로 바치는데, 갑골은 종교와 관계되어 있습니다.

은나라에서는 전쟁이나 가뭄이 들 때 제사를 지냈는데 천 년을 산다고 알려진 거북이를 귀하게 여기고, 제물로 바쳤습니다. 그때 거북이 껍데기가 터진 모양을 보고 길흉화복吉凶禍福을 점占쳤습니다. 거북이 껍데기에 제문을 써 놓기도 하고, 앞으로 일어날 일에 대해 예언하기도 했습니다. 그리고 전쟁이 끝나고 나면 이러한 예언을 받고 전쟁에서 승리했다는 기록을 거북이 껍데기에 기록해 놓았습니다.

우리나라 규장각에도 갑골이 보관되어 있습니다. 규장각은 정조 시대에 창덕궁 안에 지어졌는데 지금은 서울대에 규장각 건물을 새로 지어서 거기에 우리나라의 중요한 옛 문서들을 보관하고 있습니다.

◎ ◎ ◎

나침반은 중국에서 발명되었는데, 처음에는 명당을 찾는 일에 사용되었습니다. 서양 사람들은 중국의 나침반을 가져다가 항해에 사용하기 시작했습니다. 아무리 좋은 물건도 어떻게 사용하느냐에 따라 그 용도와 결과가 달라집니다.

종이도 중국에서 발명했습니다. 서양에서는 기록을 위해 양피지나 파피루스 등을 사용하였는데 부피가 크고 잘 부스러져서 보관하는 데 어려움이 있었습니다. 중국에서 발명한 종이를 가져다가 사용하면서부터 서양의 인쇄술이 발달하게 되었습니다.

에베소가 보존된 신기한 이유

성경에 나오는 도시 중에 은나라처럼 자연의 변화로 인해 본의 아니게 잘 보존된 도시가 있는데 바로 사도행전에 나오는 에베소입니다. 소아시아 지역의 도시인데, 지금은 튀르키예(터키) 땅이지요.

사도 바울은 2년 6개월간 에베소에 머물면서 복음을 전했습니다. 사도 바울의 시대 이후 소아시아 지역에 수많은 전쟁이 있었는데, 신기하게도 에베소라는 도시가 현재까지 보존이 잘되어 있습니다. 거기에는 이유가 있습니다.

사실 에베소는 한때 세계 5대 도시에 포함될 정도로 번성한 도시였습니다. 에베소를 포함해서 서양 역사에서 세계적인 도시들의 특징이 있는데 지중해라는 바다를 끼고 있다는 점입니다. 그렇습니다. 에베소는 원래 항구 도시였습니다.

그런데 큰 비가 올 때마다 상류로부터 흙이 쓸려 내려와 계속해서 에베소 앞바다에 쌓이면서 수심이 점점 얕아졌습니다. 바다의 수심이 어느 정도 깊어야만 배가 항구에 드나들 수 있는데, 수심이 얕아지니 에베소는 점점 항구의 기능을 상실해 갔습니다. 그래서 사람들이 에베소를 떠나 새로운 항구로 이사를 가버린 것입니다.

지금 에베소에 가 보면 바다는 전혀 보이지 않습니다. 그냥 내륙 지역 같습니다. 지형이 변하면서 바다가 그만큼 멀리 물러난 것입니다. 참 신기하지요? 언젠가부터 에베소는 사람이 살지 않는 버려진 도시가 되었고, 덕분에 수많은 유물들이 지금까지 보존될 수 있었습니다.

이렇게 세월에 따른 자연의 변화를 공부해보면 인류 문명의 변화에 대해 더 자세히 배울 수 있습니다. 자연의 변화를 알고, 그 자연을 움직이는 분이 하나님임을 아는 것이 또한 중요합니다.

조선 시대의 퓨전 학문과 지평 융합

신토피컬Syntopical 독서라는 말이 있습니다. Syn(함께)과 topic(주제)의 합성어인데 두 가지 책을 한 주제를 가지고 보는 독서법입니다. 지평 융합地坪融合(fusion of horizon) 독서법이라고 할 수 있습니다. 동양과 서양의 음식이나 음악이 함께 어우러진 것을 퓨전 음식 또는 퓨전 음악 이라고 하듯이, 전혀 다른 세계가 만나서 소통하는 것을 지평 융합이라고 합니다.

조선왕조 시대에는 유교가 흥했습니다. 율곡 이이는 어머니이자 스승이었던 신사임당이 죽고 나서 마음을 둘 곳이 없어서 불교에 귀의해서 2년 6개월 정도 불자로 생활을 했습니다. 그리고 다시 돌아와서 조정의 관리가 되어 '10만 양병설'을 주장했습니다. 퇴계 이황도 뛰어난 인물이지만 율곡이 뛰어난 것은 불교의 가르침과 유교의 사상을 지평 융합했기 때문입니다. 그렇게 그는 뛰어난 학자가 될 수 있었습니다.

조선 후기의 다산 정약용은 유교 집안이었지만 서학(기독교)을 가까이하게 되었습니다. 임금이 정조에서 순조로 바뀌면서 당시 권문세가들이 정약용을 죽이려고 기독교인으로 몰고 가자 "나는 이제 천주상제天主上帝를 안 믿겠습니다" 하고 배교背敎하였습니다. 그렇게 처형을 면하고 전라도 강진으로 유배되었습니다.

사람들은 이 일을 두고 다산이 배교한 후 유교로 돌아왔다고 하지만 천주교 사학자들은 다산이 유배 생활을 하면서 "주여, 나를 긍휼히 여기소서" 하면서 회개했다고 이야기합니다.

다만 다산이 회개한 기록이 있음에도 그 증거를 남기지 않기 위해 자녀들이 소각했다고 합니다.

저는 개인적으로 다산이 베드로처럼 회개하고 다시 주님께로 돌아왔다고 생각합니다. 그의 책들을 보면 그러한 흔적들이 보입니다.

다산은 최초로 유교와 기독교의 지평 융합을 이룬 학자입니다. 게다가 유배 생활을 한 강진의 백련사에서 불교까지 융합합니다. 다산의 학문은 세계적으로 뛰어나서 헤겔이나 칸트의 철학을 뛰어넘습니다. 그리고 수학과 물리학에도 능통했습니다. 참고로 정약용의 호가 다산茶山이 된 것은 백련사에 많이 자생하는 차나무 때문이라고 합니다.

다산 정약용(1762~1836)은 조선 후기의 문신이자 실학자, 철학가, 시인이다. 목민심서, 경세유표 등 많은 책을 저술했다.

신학과 과학의 지평 융합이 필요하다

우리 자녀들이 창조론과 진화론을 함께 공부해야 합니다. 빅뱅이론The Big Bang Theory과도 마주해야 합니다. 하나님이 우리에게 두 권의 책을 주셨는데, 그것은 바로 성경과 자연입니다. 즉 특별계시(성경)와 일반계시(자연)입니다.

지구와 태양계뿐만 아니라 우주 전체가 허공에 떠 있습니다. 우리 은하는 우주의 수많은 은하들 중의 하나이고, 태양은 우리 은하의 수많은 별들 중 하나입니다. 태양 주위를 도는 지구는 너무 작아서 푸른 점으로도 안 보일 지경입니다.

우주 전체를 보았을 때 지구는 이렇게나 작은데, 이 지구가 생명이 탄생하기에 가장 좋은 조건을 갖추고 있습니다. 하나님은 이 놀라운 지구에 인간을 두셨고, 인간에게는 우주와 자연에 관해서 공부해 나갈 수 있는 이성을 또한 주셨습니다.

자연을 자세하게 알아갈수록 하나님이 이 모든 것을 창조하였음을 우리는 발견할 수 있습니다. 기독교인들이 과학 분야에 많이 진출해야 합니다. 자연과학을 공부할수록 하나님의 창조가 선명하게 드러납니다. 신학과 과학 간에 지평 융합이 필요합니다.

✻ 돌아보기 ✻

⊙ 숭본식말을 한자로 쓰고 그 의미를 적어 봅시다.

崇	本	息	末

⊙ 다산 정약용 시대의 기독교인들은 하나님을 뭐라고 불렀나요?
한자로 쓰고 그 의미를 한자 사전에서 찾아 적어 보세요.

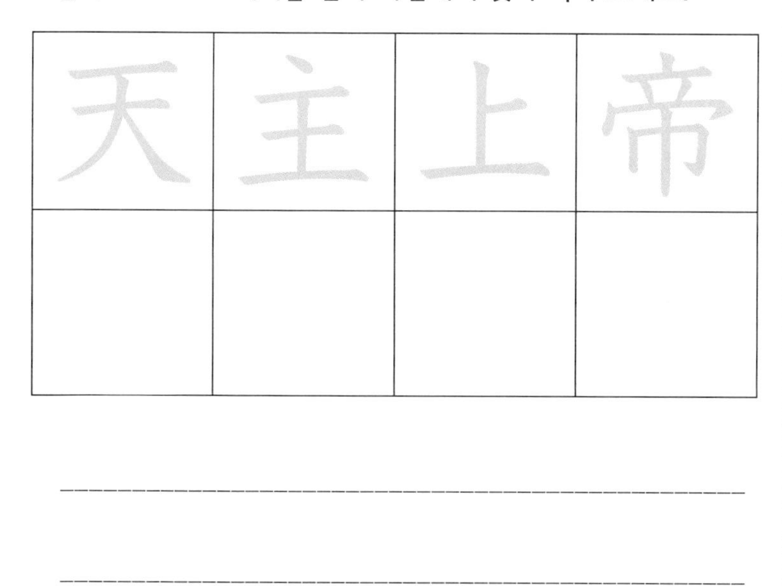

12강 구약 성경의 여섯 시대

창조 시대와 족장 시대

구약 성경의 역사를 여섯 개의 시대로 나눌 수 있습니다. 첫째, 창세기 1장에서 11장까지의 창조 시대(원역사原歷史)로 모든 인류에게 적용이 되는 보편적인 역사입니다.

둘째, 창세기 12장의 아브라함에서 시작되는 족장 시대입니다. 이 족장들이 활동한 시기는 세계사의 고古바벨론 시대와 겹칩니다. 고바벨론 시기는 원역사로 보기도 합니다.

그런데 한 가정의 가장인 아브라함이 어떻게 족장이 되었을까요? 그에게는 딸린 목자들이 많았습니다. 그리고 가신들이 318명이나 있었습니다. 이들이 모두 결혼하여 가정을 이루고 있다고 가정하고 그들의 아내와 자식들까지 전부 합치면 1,200명이 넘습니다. 충분히 한 부족의 족장이라고 할 수 있습니다.

아브라함을 따랐던 모든 사람이 아브라함을 축복하는 자는 복을 받고 저주하는 자는 저주를 받는다는 하나님의 약속과 성취를 가까이에서 목격했습니다. 하나님이 세우신 영적 지도자인 아브라함을 축복하는 것과 저주하는 것이 어떤 결과를 가져오는지 대부분 이해하고 있었습니다. 그래서 아브라함의 조카 롯을 구출하러 갈 때 모두가 목숨을 걸고 함께 갈 수 있었던 것입니다.

족장의 계보는 아브라함의 후손인 이삭으로, 야곱으로 이어지게 됩니다. 그리고 그 후손의 계보는 예수 그리스도에게까지 연결됩니다.

> 그가 자기 땅에 오셨으나 그의 백성은 그를 맞아들이지 않았다. 그러나 그를 맞아들인 사람들, 곧 그 이름을 믿는 사람들에게는 하나님의 자녀가 되는 특권을 주셨다. 요 1:11-12

예수님께서 아브라함의 족보를 따라 이스라엘의 혈통으로 이 땅에 오셨지만, 하나님의 자녀가 되는 일은 혈통을 따라 되는 일이 아닙니다. 어느 민족 태생이든, 출신이 어떠하든, 예수님을 맞아들이고 예수의 이름을 믿는 사람이 하나님의 자녀가 된다는 사실을 또한 기억합시다.

출애굽 시대

셋째, 출애굽기에서 신명기까지 출애굽 시대입니다. 이 시기에 이스라엘을 이끌었던 지도자 모세의 시대로 볼 수도 있습니다.

모세의 120년 생애를 40/40/40으로 나눌 수 있습니다. 모세의 엄마 요게벳은 태어난 지 석 달밖에 되지 않은 젖먹이 모세를 나일 강에 놓아 보내면서 하나님께 맡기는데 그것이 믿음입니다. 「요게벳의 노래」라는 찬양이 그 믿음을 잘 표현했습니다. 엄마의 믿음으로 인해 모세는 영아 시절 살해를 당할 위기를 넘기고 자기 인생의 초반부 40년간 왕궁에서 이집트 왕자로 살게 되었습니다.

왕자로서 이집트 왕궁에서 성장한 덕분에 모세는 건축과 병법에 뛰어났습니다. 혹자는 모세가 피라미드 설계에도 관여했다고 말하기도 합니다. 그러나 정확히는 알 수 없습니다. 세상의 눈으로 보면 젊은 날의 가장 화려했던 그의 삶의 모습이 성경에는 단 몇 줄밖에 쓰여 있지 않기 때문입니다.

하나님의 관점과 세상의 관점이 이렇게 다릅니다. 사람들이 중요하다 생각하는 일이 하나님 보시기에는 별로 중요하지 않을 수 있습니다. 그러므로 우리는 사람들의 관점이 아닌 하나님의 관점에 분명히 서야겠습니다.

모세는 40세에서 80세까지 중년의 40년을 광야에서 보냅니다. 이때가 그에게는 하나님의 마음을 알아가는 시간이었습니다. 그 기간 모세는 광야에서 가축을 치는 목자로 살았습니다. 세상적으로 보았을 때는 별 가치가 없는 시간이었습니다.

그러나 또 한 번 하나님의 관점은 달랐습니다. 나중에 이스라엘 백성이 출애굽을 한 이후에 시내 반도를 지나야 했습니다. 목자였던 모세는 시내 반도의 구석구석을 다 알고 있었고, 어디에 가면 물이 있는지 알고 있었습니다. 모세는 출애굽한 이스라엘 백성을 이끌기에 최고로 적합한 광야 전문가가 되어 있었던 것입니다. 하나님은 이렇게 모세를 준비시켰습니다. 그리고 꼭 필요한 때에 맞춰 사용하셨습니다.

그러나 모세의 전문성만으로 다 되지 않을 때도 있었습니다. 그럴 때마다 하나님께서 놀랍게 개입해 주셨습니다. 물이 마르고 없을 때 반석에서 샘이 터지게 하셨습니다. 구름 기둥과 불기둥으로 인도함을 받으며 낮에는 시원하게 밤에는 따뜻하게 길을 가게 하셨습니다.

그렇게 마지막 노년의 40년간 모세는 광야에서 이스라엘 민족을 이끄는 지도자로 살았습니다. 그가 이집트로 돌아가서 이스라엘 백성을 이끌고 출애굽 하기까지 일어난 일들과 출애굽 이후 광야에서의 일들이 성경에 상세하게 기록되어 있습니다.

◎ ◎ ◎

출애굽기를 영어로 하면 Exodus인데 그리스어 ex(밖으로)와 hodos(길)의 합성어로 '길을 나선다'라는 뜻입니다. 그리스에서는 지금도 고속도로 요금소(tollgate)를 exodus로 표기해서 사용하고 있습니다.

사사 시대

넷째, 사사 시대입니다. 사사士師는 선비도 되고, 스승이 되기도 합니다. 평화로운 시기에는 행정가의 역할을 하는 선비가 되고, 전쟁이 발생하면 사무라이samurai처럼 장수가 됩니다. 최고의 장수였던 삼손 역시 사사였습니다. 블레셋과의 전쟁에서 이스라엘의 최고 통치자이자 사령관으로 활동했습니다.

중국의 춘추전국시대에 공자는 제자들에게 사서오경四書五經을 가르치기도 하였지만, 활쏘기와 병거를 모는 법도 가르쳤다고 합니다. 전시에는 그들이 장수가 되어 전쟁터에 나가야 했기 때문입니다. 서양의 고전 『일리아스』나 『오디세이아』는 모두 전쟁 이야기입니다. 고대 올림픽 경기 종목도 전쟁을 스포츠화한 것들입니다.

공동 번역에는 사사기를 판관기判官記(Book of Judges)라고 번역했습니다. 사사(판관)가 사람들 사이의 갈등을 재판해주는 역할도 했기 때문입니다. 그런데 판관이 죽고 나면 사람들은 또 자기 마음대로 행동했습니다.

사사 시대를 한마디로 요약하면 "이스라엘에 왕이 없으므로 자기 소견에 옳은 대로 행하였더라삿21:25"입니다. 아래의 사이클이 몇 백 년 동안 반복됩니다.

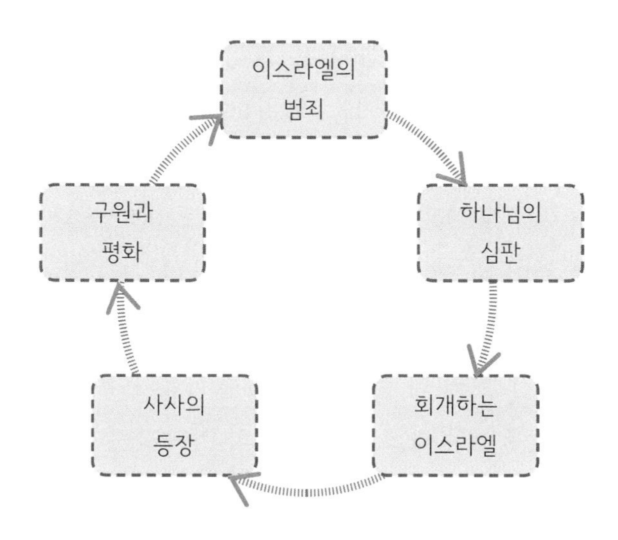

한마디로 사사시대는 하나님께 불합격한 시대입니다. 동시에 하나님의 자비의 역사입니다. 왜냐하면 끊임없이 하나님을 배반하는 우리 인류를 하나님께서 포기하지 않으시고 우리가 회개할 때마다 몇 번이고 구원해 주셨기 때문입니다.

왕정 시대

다섯째, 왕정 시대입니다. 이스라엘 민족은 하나님이 왕으로 직접 통치하는 것이 아니라 사람을 왕으로 세워 통치받기를 원했습니다. 이스라엘의 요구대로 처음에는 하나님이 선택한 사람을 왕으로 세웠습니다. 그러나 이스라엘 역사에서 참된 왕은 하나님 한 분뿐이고, 열왕列王(the kings)은 모두 하나님의 대리통치자였습니다.

잠깐 여기서 우스운 질문 하나 해보겠습니다. 열왕기列王記는 열 명의 왕이 나오는 이야기일까요? 아니지요. 열列은 사람이나 물건이 죽 늘어선 줄을 의미합니다. 열 명이 아니라 여러 명의 왕 이야기가 죽 나열된 책이 열왕기입니다. 마찬가지로 삼국지三國志는 위魏·촉蜀·오吳 세 나라의 이야기지만 열국지列國志는 춘추전국시대에 있었던 여러 나라의 이야기이지요.

◎ ◎ ◎

삼국지, 열국지 같은 좋은 책을 보기 바랍니다. 세계적인 고전을 읽으면 다른 사람들과 활발하게 소통하는 데에 도움이 됩니다. 그래서 꼭 읽어야 할 동서고금東西古今의 대표적인 고전들을 소개합니다.

『일리아스』, 『오디세이아』, 『로미오와 줄리엣』, 『오만과 편견』, 『레미제라블』, 『적과 흑』, 『좁은 문』, 『죄와 벌』, 『부활』, 『전쟁과 평화』, 『삼국지』, 『서유기』, 『의천도룡기』, 『논어』, 『맹자』, 『순자』, 『노자』, 『장자』, 『한비자』, 『묵자』

처음 만나서도 이런 책을 읽었다고 하면 서로 공감대가 형성됩니다. 요즘 많이 보는 베스트셀러 같은 책은 서로 잘 모를 수 있습니다. 그런데 세계 어느 나라나 고전을 가지고 기본적인 공부를 합니다. 그래서 고전을 읽으면 소통이 쉬워집니다. 반드시 고전을 보아야 하는 이유입니다. 세계화 시대에 커뮤니케이션을 잘하는 비법입니다.

◎ ◎ ◎

다시 왕정 시대로 돌아가서, 인간의 역사를 보면 이스라엘의 왕들도 그렇고 세상 대부분의 왕들이 하나님의 대리 통치를 하기보다 사탄의 대리 통치를 노릇을 더 많이 하였습니다. 그러나 우리는 하나님의 자녀로서 우리가 어느 자리에 있든지 하나님의 대리 통치자임을 잊지 말아야 합니다.

특별히 가정에서부터 그리해야 합니다. "하나님이 분주하셔서 우리에게 어머니를 주셨다"라는 유명한 이스라엘의 격언이 있습니다. 한 나라를 다스리는 대리통치자가 왕이라면 가정에서는 어머니와 아버지가 하나님의 대리자입니다. 부모들은 이 사실을 잊지 말고, 자기 기분대로 자녀들을 키우는 것이 아니라 사랑으로 그들을 인도해야 합니다.

세상 기준에 흔들리지 말고 성경의 가르침과 훈계로 자녀들을 다스려야 합니다. 자녀들 역시 자신의 부모님이 하나님의 대리 통치자라는 사실을 이해해야 합니다. 그래서 하나님께 순종하듯이 부모님에게 순종해야 합니다.

포로 시대

왕정 시대에는 아시리아 제국이 세계에 압도적인 영향을 미치면서 종국에는 북이스라엘을 멸망시켰습니다. 이후 남유다 왕 여호야김과 여호야긴이 통치하던 때에 신新바벨론이 강력한 세력으로 나타나 아시리아를 정복하고 남유다 왕조뿐만 아니라 이집트까지 점령해 버립니다.

이때 여호야긴 왕을 포함해서 많은 이스라엘 사람들이 4차에 걸쳐서 바벨론에 포로로 잡혀갔는데, 1차 포로 때에 다니엘이, 2차 포로 때에 에스겔이 바벨론 포로로 끌려갔습니다. 예루살렘 성전은 바벨론에 의해 불에 타고 파괴되었습니다. 이때부터가 여섯째, 포로 시대입니다. 구약의 마지막 시대이기도 합니다.

바벨론은 제국을 이루었지만 100년도 안 되어 페르시아에 멸망합니다. 바벨론 포로로 잡혀 간 다니엘은 오히려 바벨론의 총리가 되었을 뿐만 아니라 바벨론 멸망 이후에 페르시아 제국에서도 총리로 활동을 하였습니다. 다니엘은 17세 정도에 바벨론 포로로 잡혀가서 70년 후에 있을 포로귀환에 대한 예레미야의 예언을 믿고 기도했는데 87세가 되어 그 예언이 실제로 성취되는 것을 직접 보게 되었습니다.

고레스 왕의 명령으로 유대 땅으로 돌아 온 스룹바벨이 학사 에스라와 선지자 학개, 스가랴와 함께 이스라엘 성전을 다시 건축하려고 했지만 방해 세력이 많아서 처음에는 잘 되지 못했습니다.

16년 후 우여곡절 끝에 성전을 건축하지요. 그 성전 낙성식 때 나이든 사람들은 대성통곡을 했어요. 물론 감사한 마음도 있었지만, 외관을 보았을 때 다시 세워진 성전의 모습이 이전 성전의 모습과 비교할 수 없을 만큼 초라했기 때문이지요.

비록 성전은 지어졌지만, 성벽이 없어서 예루살렘은 여전히 도시로서의 기능을 제대로 할 수 없었습니다. 그 소식을 들은 느헤미야가 아닥사스다 왕에게 간청하여 예루살렘 총독으로 유대 땅에 돌아옵니다. 그는 마침내 불에 타서 무너진 성벽을 재건하였습니다.

◎ ◎ ◎

성경의 여섯 시대를 정리하면 다음과 같습니다.

1. 창조 시대
2. 족장 시대
3. 출애굽 시대
4. 사사 시대
5. 왕정 시대
6. 포로 시대

이러한 성경의 여섯 시대를 이해하고, 암송하기를 바랍니다. 그렇게 하면 실력이 꽃피고 열매를 맺을 수 있습니다. 하브루타חַבְרוּתָא를 통해 풍성한 나눔도 가능해지고, 무한한 상상력과 폭넓은 창조력도 생겨납니다. 이스라엘에서는 쉐마를 통해 하나님의 말씀을 암송하고 나누는 것이 일상생활입니다. 암송과 이해가 선순환되기를 바랍니다.

> 그대는 진리의 말씀을 올바르게 가르치는 부끄러울 것 없는 일꾼으로 하나님께 인정을 받는 사람이 되기를 힘쓰십시오. 딤후2:15

✲ 돌아보기 ✲

⊙ 구약 성경의 여섯 시대에 순서대로 번호를 붙여 보세요.

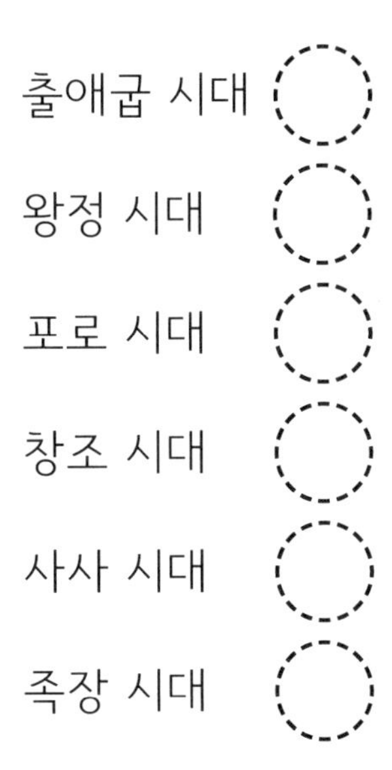

⊙ 다음은 사사기에서 나타나는 반복되는 역사입니다. 빈 칸을 채워 보세요.

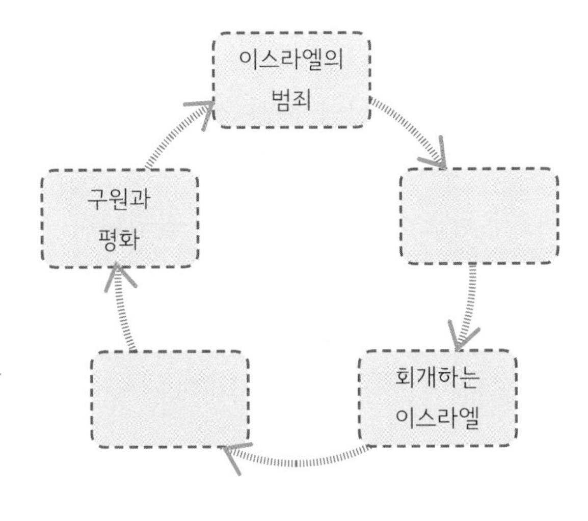

13강

제국의 역사와 하나님의 나라

아시리아, 바벨론 그리고 이스라엘

이스라엘 백성이 출애굽을 해서 가나안 땅에 들어간 이후 사사시대를 거처 왕조시대가 열립니다. 그 중 다윗 왕과 솔로몬 왕의 시대가 왕조 시대의 전성기로 꼽힙니다. 솔로몬 이후 이스라엘은 남과 북으로 분열됩니다. 그중 북쪽의 이스라엘 왕조는 기원전 722년에 시리아 제국의 후예였던 아시리아 Assyria에 멸망합니다. 성경에서 아시리아는 앗수르로 기록돼 있습니다.

남쪽의 이스라엘, 즉 남유다는 기원전 587년에 바벨론에게 멸망합니다. 그리고 많은 유다 사람이 바벨론에 포로로 끌려가지요. 우리가 알고 있는 다니엘과 에스겔이 바벨론 포로시대의 사람들입니다. 따라서 당시에 일어난 사건들은 다니엘서와 에스겔서에 있습니다.

페르시아 제국과 유대인의 귀환

바벨론의 동쪽에 메대라는 제국이 있었습니다. 메대의 왕족이었던 고레스가 메대와 바벨론을 다 정복하고 바사(페르시아)라는 나라를 세웁니다. 이 페르시아를 주목해야 합니다.

페르시아의 초대 왕이 된 고레스는 이스라엘이 바벨론에 포로로 잡혀 온 지 70년 만에 이스라엘 민족을 풀어줍니다. 그렇게 바벨론 포로시대가 끝난 것이죠.

스룹바벨의 인도로 유대인들은 유대 땅으로 돌아옵니다. 고레스 왕은 스룹바벨과 유대인들이 무너져 있던 예루살렘 성전을 다시 건축하도록 허락해 주었습니다. 이 포로 귀환과 성전 재건축 이 이야기는 에스라 1장에서 6장까지 적혀 있습니다. 스룹바벨이 재건한 성전을 제2성전이라 부릅니다.

솔로몬이 세운 성전을 '제1성전'이라 부르고, 스룹바벨이 재건한 성전을 '제2성전'이라 부른다. 나중에 헤롯 대왕이 제2성전을 증축했는데 그 성전을 '헤롯성전'이라 한다.

예수님과 제자들이 바라보면서 대화를 나누었던 성전이 바로 헤롯성전이었다. 그 성전은 예수님의 예언대로 예수님 사후에 모두 무너졌다.

현재는 예루살렘 성전 자리에 모스크가 세워져 있다. 이스라엘 사람들은 그 자리에 다시 성전을 세우길 바라는데, 그 성전을 '제3성전'이라 부른다.

표: 페르시아 제국 시대 유대인의 귀환

페르시아 왕조		예루살렘
고레스 왕	1차 포로 귀환 (BC537) → 스룹바벨 인도	성전 건축 시작 (BC536)
(다른 두 왕 재위)		
다리오 왕 마라톤 전투 (BC490)		학개, 스가랴 활약 성전 완공 (BC516)
아하수에로 왕 테르모필레 전투 (BC480) 에스더 활약 (BC479-474)		
아닥사스다 왕	2차 포로 귀환 (BC458) → 에스라 인도	성벽 재건 시작 (BC458)
	3차 포로 귀환 (BC444) → 느헤미야 인도	성벽 완공 (BC444)

페르시아의 고레스 왕이 유대인들을 돌려보내는 사건을 '1차 포로 귀환'이라고 하는데 그때 유대 땅으로 돌아가지 않고 페르시아 땅에 남아 있었던 유대인들도 있었습니다. 에스더, 에스라, 느헤미야가 바로 그렇게 남은 유대인들의 후손입니다. 그러니까 그들은 다니엘이나 에스겔처럼 바벨론 포로 시

대의 인물이 아니고, 바벨론 멸망 이후 페르시아가 세계 제국을 이루었을 때 활동한 인물들입니다.

고레스(키루스) 다음 왕이 다리오(다리우스)이고, 그의 아들 아하수에로(크세르크세스) 왕이 에스더와 결혼한 사람입니다.

페르시아 제국의 왕비가 된 에스더는 자칫하면 유대인들이 모두 죽임을 당할 뻔한 위기 속에서 민족을 구원해내는 큰 일을 합니다.

아하수에로 다음 왕은 아닥사스다 왕입니다. 이때 2차, 3차로 페르시아의 유대인들이 유대 땅으로 돌아가는 사건이 발생합니다. '2차 포로 귀환' 때는 에스라가 인도를 했고, '3차 포로 귀환' 때는 느헤미야가 인도를 해서 예루살렘으로 돌아옵니다.

성경에는 스룹바벨의 이야기가 에스라서 초반(1~6장)에 기록되어 있는데, 스룹바벨이 인도한 1차 귀환과 에스라가 인도한 2차 귀환 사이에는 80년 정도의 시간 차가 있다.

그리스를 침공한 페르시아

페르시아의 다리오 왕은 그리스가 공물을 바치지 않자 수많은 페르시아 군대를 이끌고 그리스로 쳐들어갔습니다. 그리스 군대는 방어에 나섰지요. 두 군대가 마라톤 평원에서 만났습니다. 그런데 수적으로 열세인 그리스 병사들이 효과적인 전술을 펼쳐 페르시아 군대를 무찔렀습니다. 이 전투를 마라톤 전투라고 부릅니다.

한 그리스 병사가 마라톤 전투에서 승리한 소식을 아테네라는 도시에 전하러 이틀 만에 240km를 달려가 소식을 전한 다음 지쳐서 죽게 되었다고 알려져 있는데, 실제로는 그 병사가 지원군을 요청하기 위해 아테네까지 뛰어갔다고 합니다. 임무를 마친 후에 죽지도 않았고요. 어쨌든 그렇게 먼 거리를 달려갔으니 대단한 것만은 사실입니다.

올림픽 경기 중의 하나인 마라톤 경기는 이 사건을 기념하기 시작된 경기입니다. 우승자에게는 월계수로 만든 승리의 면류관을 머리에 씌어 줍니다. 페르시아의 후예가 되는 나라가 이란인데, 지금도 이란에서는 마라톤 경기를 그리 좋아하지 않는다고 합니다.

마라톤 전투에서의 패배를 갚고자 페르시아는 두 번째로 그리스를 침공합니다. 다리오 왕의 아들 아하수에로 왕이 그리스를 점령하기 위해서 20만 대군이나 이끌고 원정을 나갔습니다. 그 유명한 테르모필레 전투입니다.

이 전투에서는 그리스 스파르타의 레오니다스 장군이 맹활약을 합니다. 그를 주인공으로 해서 『300:제국의 부활』이라는 영화가 만들어지기도 했습니다. 그리스가 수적 열세에도 불구하고 페르시아의 해군을 격파한 살라미스 해전도 영화에 나옵니다.

페르시아는 엄청난 전력의 손실을 보며 테르모필레 전투에서 가까스로 승리했습니다. 그러나 이어진 살라미스 해전에서 대패했고 원래 목표였던 그리스 정복은 이루지 못한 채

퇴각했습니다. 결과적으로는 그리스의 승리였습니다.

다니엘이 환상으로 보고 예언한 제국들

다니엘서에는 세계사를 한눈에 볼 수 있게 정리된 예언이 두 번이나 나옵니다. 하나는 다니엘 2장에서 느부갓네살 왕이 꿈에서 본 환상을 다니엘이 해몽하는 장면입니다. 다른 하나는 다니엘 7장에서 다니엘이 네 마리 짐승의 환상을 보는 일입니다. 우리가 역사를 공부할 때, 다니엘이 본 이 환상은 너무나 중요한 부분입니다.

느부갓네살 왕은 꿈에 사람 모양의 우상을 보았는데, 머리와 가슴과 허벅지와 다리의 소재가 각각 달랐습니다.단2:31-44 머리는 순금이요, 가슴과 두 팔은 은이요, 배와 넓적다리는 놋이요, 종아리는 쇠요, 그 발의 일부는 쇠이면서 진흙입니다.

다니엘은 왕의 꿈을 이렇게 해석합니다. 순금의 머리는 현재 바벨론을 다스리는 느부갓네살입니다. 은으로 된 가슴과 두 팔은 그 다음에 일어날 나라로, 역사를 보자면 그것은 페르시아입니다. 그 다음 놋쇠 같은 나라(그리스 또는 헬레니즘 제국)가 일어나서 은 같은 나라(페르시아)를 무너뜨릴 것이며, 다시 쇠 같은 나라(로마)가 일어나 그리스를 정복할 것이라는 해석이었지요. 다니엘은 느부갓네살 왕의 꿈을 해석하며 세계 제국의 역사를 예언한 것입니다.

표: 제국의 역사와 성경 역사 비교

<table>
<tr><th>제국 이름</th><th colspan="2">이스라엘 역사</th><th>성경 시대</th></tr>
<tr><td></td><td colspan="2">아담, 노아</td><td>창조 시대</td></tr>
<tr><td>(고바벨론)</td><td colspan="2">아브라함, 이삭,
야곱, 요셉</td><td>족장 시대</td></tr>
<tr><td></td><td colspan="2">모세</td><td>출애굽 시대</td></tr>
<tr><td rowspan="4">아시리아</td><td colspan="2">여호수아, 기드온, 사무엘</td><td>사사 시대</td></tr>
<tr><td colspan="2">다윗, 솔로몬 전성기</td><td rowspan="4">왕정 시대</td></tr>
<tr><td colspan="2">왕국 분열</td></tr>
<tr><td colspan="2">북이스라엘 멸망</td></tr>
<tr><td rowspan="2">바벨론</td><td>남유다 멸망</td><td rowspan="2">예레미야</td></tr>
<tr><td>다니엘</td><td>포로 시대</td></tr>
<tr><td rowspan="4">페르시아</td><td colspan="2">스룹바벨 성전 건축</td><td rowspan="3">포로 귀환 시대</td></tr>
<tr><td colspan="2">에스더</td></tr>
<tr><td colspan="2">예루살렘 성벽 재건,
에스라, 느헤미야</td></tr>
<tr><td colspan="2"></td><td rowspan="3">침묵 시대</td></tr>
<tr><td rowspan="2">헬레니즘</td><td colspan="2">마카비 독립 투쟁</td></tr>
<tr><td colspan="2">하스모니아 왕조</td></tr>
<tr><td>로마</td><td colspan="2">헤롯 분봉왕 즉위,
예수님 탄생</td><td>복음 시대</td></tr>
</table>

7장에 소개된 다니엘의 꿈도 뜻은 같습니다. 그의 꿈에 나온 첫째 짐승은 독수리의 날개를 가진 사자로서 바벨론을 상징합니다. 곰 같은 둘째 짐승은 페르시아를 상징합니다. 셋째

짐승은 표범 같은데 그 등에는 날개가 넷 있고 그 위에는 머리가 넷이나 있다고 표현했습니다. 이 표범은 그리스를 말하며, 특히 알렉산더 대왕을 상징합니다.

표범은 매우 빠른데 거기에 날개가 넷이나 달렸다는 것은 그가 얼마나 빠른 속도로 세계를 점령하는지를 말해주고 있습니다. 또한 짐승의 머리가 넷이라고 했으니, 훗날 알렉산더 대왕이 갑자기 죽으면서 네 명의 장군들이 세계를 4등분하여 통치하게 된 것을 예언한 것입니다.

네 명의 장군 중에서 카산드로스는 마케도니아 본토와 왕국의 서쪽을 차지합니다. 리시마코스는 소아시아와 트라키아와 그 북쪽 부분을 차지합니다. 셀레우코스는 시리아와 동쪽 부분, 즉 동방 영토의 대부분을 차지합니다. 그리고 프톨로메오(프톨레미)는 팔레스타인지역과 이집트를 차지하지요. 예루살렘도 알렉산더가 중동지역을 정복했을 때부터 점령지가 됩니다.

프톨로메오는 그리스 사람으로 백인이었습니다. 재미있게도 그가 이집트의 왕이 되어 프톨레미 왕조를 시작하면서 왕의 얼굴과 옷을 흑인처럼 검게 그린 초상화가 발견되었습니다.

로마 제국과 그리스도의 나라 대해 예언한 다니엘

주전 198년에 역시 알렉산더의 장관이었던 셀루시드(셀레우코스) 왕조가 프톨레미 왕조의 지배하에 있던 예루살렘을 점령하고, 이스라엘을 속국으로 삼았으며, 헬라 문화를 강요했습니다. 당시 이에 저항했던 유대인 세력이 대제사장 마카비와 그 무리입니다. 그들은 하스모니아 왕조를 시작하고 100여 년간 지속되며 독립 국가로 성장하기도 했습니다.

하스모니아 왕조는 다신교를 믿는 헬라(그리스) 사상의 영향 때문이었는지 다양한 종교적 입장을 표방했습니다. 그런 경향이 예수님 시대(로마 제국)에까지 이어져 사두개파와 바리새파 등 유대교 안에서도 다양한 종파가 존재했습니다. 사두개파는 헬라 문화의 영향을 받은 상류층으로 성전과 제사에 관심을 가졌으며, 바리새파는 학자로서 전통적으로 성경을 해석하는 일에 주력했습니다. 하지만 둘 다 예수님에게 인정을 받지는 못했지요.

헤롯은 주전 37년 로마 군대의 도움을 받아 하스모니아 왕조를 폐위하고 유대의 분봉왕이 되었습니다. 유대 지역이 로마 제국의 간접 지배에 들어간 것입니다. 바로 이 로마 시대에 예수님이 태어났습니다.

앞에서 다니엘 7장의 다니엘이 본 환상 중 셋째 짐승까지만 이야기를 했는데, 다니엘이 마지막으로 본 넷째 짐승이 바로 로마 제국을 상징합니다. 이렇게 성경은 기원전 세계의 제국들을 다스린 왕들을 짐승으로 표현하고 있습니다.

한편 다니엘은 “하늘 구름을 타고 오시는 인자 같은 이단 7:13”에 대해 이야기하고 있습니다. 예수님은 자신을 부를 때 ‘인자’라는 호칭을 쓰시곤 했는데, 바로 다니엘이 말한 그 ‘인자’를 말씀하신 것이었습니다.

예수님이 부활하신 후에 하늘로 올라가실 때 구름이 그를 가렸습니다. 제자들이 멍하니 그 장면을 보고 있을 때 갑자기 천사들이 나타나 예수님께서 너희가 본 그대로 다시 오실 것이라고 예언했습니다.행1:9-11 예수님은 구름을 타고 올라가신 것처럼 구름을 타고 다시 오신다는 것이죠. 이 역시 다니엘의 예언과 연관이 있습니다.

이처럼 다니엘은 장차 오실 예수님에 대해 예언했습니다. 또 예수님이 다스리는 나라가 어떠할지에 대해서도 예언했습니다.

> 그에게 권세와 영광과 나라를 주고 모든 백성과 나라들과 다른 언어를 말하는 모든 자들이 그를 섬기게 하였으니 그의 권세는 소멸되지 아니하는 영원한 권세요 그의 나라는 멸망하지 아니할 것이니라 단7:14

다니엘이 본 세계의 제국들은 짐승이 통치하는 나라였습니다. 그 제국들의 왕은 모두 사람이었지만, 스스로를 신으로 떠받들게 만드는가 하면, 한결같이 사람을 죽이고 압제하는 일을 서슴지 않았습니다. 그 왕들은 한마디로 사람 같지 않은 자들이었습니다.

그러나 하나님의 나라는 인자가 다스리는 나라입니다. 인자가 무엇인지요? 인자는 '사람의 아들'이라는 뜻입니다. 하나님의 나라는 인격을 갖춘 진짜 '사람의 아들'이 통치하는 나라입니다. 인자하신 예수님이 다스리는 나라입니다.

역사를 보면 모든 나라의 흥망성쇠興亡盛衰는 잘해야 몇 십 년에서 몇 백 년 사이입니다. 그러나 우리 예수님이 다스리는 참된 나라가 옵니다. 그 나라는 영원합니다. 우리는 성경을 통해 이런 세계 역사의 큰 비밀을 알아야 할 것입니다.

✲ 돌아보기 ✲

⊙ 느부갓네살 왕이 꿈에서 본 우상의 각 부위에 해당하는 나라의 이름을 적으세요.

우상의 부위	제국 이름
금으로 된 머리	바벨론
은으로 된 가슴과 팔	
놋으로 된 배와 허벅지	
쇠로 된 종아리	

⊙ 다니엘은 꿈에서 위 나라들이 짐승으로 상징된 것을 보았습니다. 그 나라들이 짐승으로 표현된 이유는 무엇인지 옆 사람과 이야기를 나눠 보세요.

⊙ 세계의 역사적인 제국들과 하나님의 나라는 어떻게 다른지 옆 사람과 이야기를 나눠 보세요.

14강

헬레니즘 사상과 헤브라이즘 사상

서양 사상의 두 기둥

인문학人文學을 라틴어로 '후마니타스humanitas'라고 합니다. 문자 그대로 사람을 이해하는 학문입니다. 인문학에는 주로 세 가지 학문이 포함되는데, 문사철文史哲로 불리는 문학과 역사와 철학입니다. 옛적에는 문사철을 하나로 통섭했고, 그 중심은 역사였습니다. 왜냐하면 인간의 이야기인 역사에서 문학도 철학도 꽃피웠기 때문입니다. 그래서 이 책에서도 주로 역사에 대해 이야기하는 것입니다.

특히 서양 인문학의 뿌리를 알려면 서양 사상의 두 기둥을 먼저 알아야 합니다. 서양 사상의 두 기둥은 헤브라이즘Hebraism 사상과 헬레니즘Hellenism 사상 입니다. 헤브라이즘은 오직 하나님만 섬기는 고대 유대인들의 문화라고 생각하면 됩니다. 그들은 스스로를 히브리인이라고 하고, 그들이 사용하는 언어를 히브리어라고 합니다.

참고로 '헤브라이'라는 말 속에 '방황하는 자' 라는 의미가 담겨있다고 하니, 목초지를 찾아 이리 저리 떠도는 유목민의 삶을 보여주는 단어라고도 볼 수 있겠네요.

헬레니즘은 고대 그리스 문화를 말합니다. '헬렌'이란 단어 자체가 그리스인(헬라인)이라는 뜻을 가지고 있습니다. 참고로 고대 그리스어를 헬라어라고 부른답니다.

헬레니즘 문명과 복음

메소포타미아와 이집트 문명을 지나 그리스 문명을 거치면서 헬레니즘 문명이 꽃을 피우게 됩니다. 페르시아에 이어 그리스(또는 마케도니아 왕국)가 세계를 정복하면서 고대세계에 그리스의 영향력이 절정에 달하는데 그 시대를 헬레니즘 시대라 일컫습니다.

그리고 그 정복기의 중심에는 그리스의 제일 유명한 장군인 알렉산더(알렉산드로스)가 있지요. 그래서 그 나라를 '알렉산더 제국'이라고도 하고 '헬레니즘 제국'이라고도 합니다.

알렉산더의 스승이 바로 아리스토텔레스입니다. 플라톤의 제자 아리스토텔레스가 알렉산더의 가정교사였다고 하네요. 그리스 북부의 마케도니아 출신인 그가 젊은 나이에 그리스를 통일합니다.

그리스 북반부는 마케도니아(마게도냐), 남반부는 아카이아(아가야)로 불립니다. 그 마게도냐의 중심도시가 데살로니가입니다. 그리스에 가면 최고의 대학이 2개가 있습니다. 하나는 소크라테스의 제자였던 플라톤이 세운 아카데미(B.C. 385)를 기원으로 하며, 지금은 세계문화유산으로 지정된 파르테논 신전이 있는 아테네 대학입니다. 지금도 정말 좋은 대학입니다. 또 다른 대학은 데살로니가에 있는 아리스토텔레스 대학(또는 데살로니가 대학)입니다. 참고로 데살로니가에서 한 시간 거리에 바울이 세운 유럽 최초 교회인 빌립보 교회가 있었다는 것도 알면 좋을 듯합니다.

그리스 정복기(주전323~주후146)에서 로마 정복기(주전14~주후395)로 넘어가는 시기에, 헬레니즘에 큰 영향을 받아 발전한 로마 문화를 그레코로만Greco-Roman 문화라고도 합니다.

◎ ◎ ◎

헬레니즘 사상을 설명하기 전에 먼저 이해해야 할 것이 있습니다 사람은 크게 보면 영·혼·육으로 구성되어 있습니다. 육肉은 모든 생물이 다 가지고 있는 육체를 말합니다. 눈에 보이고 만질 수 있는 것이기에 더 설명할 필요가 없겠지요?

다음은 혼魂입니다. 모든 생물이 세상에서 살아가기 위해서는 자기가 사는 세상을 의식하는 '세계의식'이란 것이 있어야 합니다. 다시 말하면 세상과 나를 구분하여 보고, 세상에서 나의 존재를 의식하는 것입니다. 이것이 혼의 영역입니다. 그렇기에 혼은 '나는 누구일까?'라며 자기를 의식하는 '자아의식'과도 연결되어 있습니다. 이 혼을 자세히 구분하면 지·정·의로 나눌 수 있습니다.

마지막으로 영靈은 하나님을 의식합니다. 하나님께서 오직 인간에게만 고유하게 주신 영역입니다. 혼은 세상과 자기를 의식하지만 거기까지입니다. 더 중요한 것은 하나님을 의식하는 영이라 할 수 있겠지요.

헬레니즘에서 지·정·의는 로고스logos·파토스pathos·에토스ethos라고 합니다. 로고스는 지·정·의 중에서 지知에 해당합니다. 정서로 번역되는 파토스는 말 그대로 정情에 해당합니다. 윤리 혹은 도덕으로 번역되는 에토스는 의意에 해당합니다.

로고스, 파토스, 에토스를 하나씩 외우고 이해하려면 어렵지만, 세 개를 한꺼번에 알면 잘 외워집니다. 지·정·의 = 로고스·파토스·에토스, 이렇게 말입니다.

지와 정과 의에 한 가지를 더 추가한다면 신화神話 해당하는 미토스mythos가 있습니다. 성경은 미토스에 대해 "저속하고 헛된 꾸며낸 이야기들딤전4:7"이라고 말합니다. 신화(미토스)는 참된 이야기인 성경(헤브라이즘)과 다른 이야기이기 때문입니다.

그렇다고 해서 성경이 그레코로만의 정신을 배제하지는 않습니다. 요한복음에는 예수님이 이 땅에 오신 사건을 "말씀이 육신이 되어 우리 가운데 거하셨다요1:14"라고 기록되어 있습니다. 이때 '말씀'이란 단어로 사용된 것이 로고스입니다.

사도 요한은 말씀 되신 예수님을 로고스로 소개하며 그리스로마 문화의 그레코로만 사상과 연결해 주었습니다. 그렇게 함으로써 당시 그레코로만 사상을 가진 사람들에게 그리스도의 복음을 전하려고 했던 것입니다.

그리고 사도 바울은 "이 복음은 모든 믿는 자에게 구원을 주시는 하나님의 능력이 됨이라 먼저는 유대인에게요 그리고 헬라인에게로다롬1:17"라는 말씀에 나오는 '복음' 이라는 단어로 라틴어 '유앙겔리온ευαγγέλιον'을 사용하였습니다.

이 유앙겔리온이란 말은 원래 로마 시대 전쟁의 승전보를 알리는 소식이나 황제의 칙령으로 죄수를 사면할 때 사용되었습니다. 바울은 유대인이 아닌 그리스로마 문화권 사람들에게 구원의 기쁜 소식(good news)을 전하기 원했습니다. 그래서 그들이 쉽게 이해할 수 있도록 유앙겔리온이란 표현을 사용한 것입니다.

그런 의미에서 우리도 세상의 인문학에 관심을 가지고, 어떻게 하면 세상 사람들이 이해할 수 있는 언어로 그리스도의 복음을 전달해 줄 수 있을 것인지 고민해야 합니다. 또한 우리가 그런 목적으로 갖고 하나님께 기도할 때, 하나님께서 반드시 우리에게 필요한 지혜를 주십니다.

하나님 중심으로 인문학을 배우자

후마니타스는 육신을 가진 인간에 대한 학문으로서 인간학이라고도 말할 수 있습니다. 그래서 소크라테스의 "너 자신을 알라"는 명제는 인문학 또는 인본주의의의 표어라고 할 수 있습니다.

누군가에게 "저 사람은 너무 인간적이야"라고 말하면 좋은 뜻입니다. 짐승만도 못한 사람도 있기 때문이죠. 그러나 하나님의 생각으로 사람을 보는 신본주의神本主意 관점에서는 "인간적으로 산다" 혹은 "인간적으로 살아야 한다"라는 말이 옳은 것만은 아닙니다. 왜냐하면 신본주의 관점에서 사람은 오직 하나님 중심으로 살아야 하는데, 인간적으로 산다는 말은 인간이 하나님 중심으로 살지 못한다는 뜻도 될 수 있기 때문입니다.

우리가 항상 기억해야 할 것은 하나님 중심주의, 즉 신본주의 관점에서 인문학을 공부해야 한다는 것입니다. 우리는 먼저 여호와를 힘써 알아야 합니다.

하나님께서는 인간을 만드시고 보시기에 좋았다고 말씀하셨습니다. 그런데 감히 "신은 죽었다"라고 말하면서 하나님이 없이 인간 중심으로만 인문학을 공부하면 나도 죽고 남도 죽이는 잘못된 공부가 될 수 있습니다.

그래서 인문학을 공부할 때는 하나님께서 우리에게 허락하신 모든 것을 철저히 기뻐하고 감사하면서, 하나님이 정해주신 인간의 길에 관해 겸손하게 공부를 하면 됩니다.

주님을 경외하는 것이 지혜의 근본이요, 거룩하신 이의 이름을 아는 것이 슬기의 근본이다. 잠9:10

헤브라이즘과 서양 문화

그리스로마 신화 같은 미토스는 고대 신화에 등장하는 온갖 잡신들의 이야기입니다. 이에 반해 성경이 말하는 기독교의 역사는 하나님이 보낸 사람들에 의해 땅에서 펼쳐지는 사람들의 이야기입니다. 그렇다고 해서 사람들만의 이야기는 아닙니다. 성경은 세상 역사의 흥망성쇠, 즉 사람이 잘되고 못되고는 하나님이 주관하고 계시다는 걸 보여주고 있기 때문입니다.

유물론자들은 모든 역사를 단지 인간의 역사로만 생각합니다. 인간을 창조하신 분이 하나님이라는 것을 보지 못하기 때문입니다. 온갖 잡신들에 대해서는 역사니 인문학이니 하면서 공부합니다. 그러면서 정작 참 신이신 하나님에 대해 공부하지 않는다면 과연 그것이 제대로 된 공부라 할 수 있을까요?

사람이 만든 모든 잡신을 다스리고 벌할 수 있는 분은 하나님 한 분뿐입니다. 그러므로 우리가 그레코로만은 잘 몰라도 헤브라이즘만 잘 알아도 서양 문화의 절반은 알 수 있습니다.

서양의 이름과 문화는 성경을 어지간히 아는 사람이라면 최소한 절반은 알 수 있습니다. 러시아어 이름 표트르와 프랑스어 이름 피에르 그리고 영어 이름 피터Peter는 성경의 베드로와 같은 이름입니다. 개신교의 종교개혁자인 장 칼뱅과 프랑스의 구국영웅 잔 다르크를 들어 보았나요? 잔과 장 모두 요한John이란 이름입니다. 잔은 장의 여성형 명사입니다. 청바지 브랜드로 유명한 리바이스는 레위Levi라는 이스라엘 지파의 이름과 같습니다.

그리스로마 문화에서는 지知에 호소하는 역사와 철학뿐 아니라 정情에 호소하는 정서적 문학도 모두 꽃을 피웠습니다. 시가, 연극, 미술과 같은 것들입니다. 서양 미술 작품도 거의 절반이 성경을 배경으로 하고 있습니다.

렘브란트의 「돌아온 탕자」

렘브란트가 그린 「돌아온 탕자」는 성경을 읽고 그 감동을 그린 명화입니다. 여마리아에게 잉태를 알리는 장면(「수태고지」)을 비롯하여 십자가와 부활을 주제로 작품을 남김 화가들이 많습니다. 미켈란젤로가 그린 로마 시스티나 대성당의 벽화인 「최후의 심판」과 「천지창조」는 서양 미술의 대표적인 작품들로 꼽힙니다.

학문이란 우선 지성에 호소하는 것인데, 언젠가부터 사람들은 정서에 대한 것들도 학문적으로 분석하려 들었습니다. 성경에서 나온 헤브라이즘과 하나님의 이야기도 사람들이 공부하기 쉽도록 설명하다 보니 학문이 되었는데 그것이 바로 신학神學(theology)입니다. 하나님을 뜻하는 데오theo에 지성을 뜻하는 로고스logos가 덧붙여져 만들어진 단어입니다. 신학의 기본은 당연히 성경입니다. 신학은 지와 정과 의에 관한 연구를 모두 포함합니다.

우리가 성경과 역사를 함께 공부하는 목적은 하나님의 말씀과 예수 그리스도의 정신과 인격으로 우리의 지·정·의가 하나님을 위해 사용되도록 하려는 것입니다. 우리가 배우는 모든 지식이 하나님 나라에 유익하고 하나님께 영광이 되어야 합니다. 하나님은 여러분이 하나님을 대적하는 세상의 모든 사람을 다스리고 그들이 바른 길로 나아가도록 이끄는 지도자가 되기를 원하고 계십니다.

> 하나님을 아는 지식을 가로막는 모든 교만을 쳐부수고, 모든 생각을 사로잡아서 그리스도께 복종시킵니다. 그리

고 여러분이 온전히 순종하게 될 때에는, 우리는 모든 복종하지 않는 자를 처벌할 준비가 되어 있을 것입니다. 고후 10:5-6

레오나르도 다 빈치의 「수태고지」

✲ 돌아보기 ✲

⊙ 헬레니즘에서 지, 정, 의에 해당하는 말을 적어 보세요.

지 = [   ]

정 = [   ]

의 = [   ]

⊙ 빈 칸에 알맞은 말을 라틴(영문) 알파벳으로 적어 보세요.

1. 인문학을 라틴어로 ____________________라 합니다.

2. 여호와 하나님을 유일신으로 섬기는 고대 유대인들의 문화를 ____________________이라 합니다.

3. 고대 그리스 문화를 ____________________이라 합니다.

15강

삼각돛의 발명과 대항해 시대

비단길 무역

길은 문명의 발전에 있어 항상 중요한 역할을 하였습니다. 로마 제국 시대에 육지로 동서양을 잇는 무역로가 있었는데, 흔히 비단길(silk road)이라 불립니다. 중국의 장안에서 로마까지 직선거리로 8천 km나 떨어진 먼 거리를 잇는 육로입니다.

그런데 육지로는 많은 물건을 실어 나르기가 힘들었습니다. 그렇다 보니 가볍고, 운반 중에 쉽게 깨지지 않으면서도, 값비싼 가격에 팔 수 있는 상품을 주로 거래했습니다. 이 조건에 해당되는 상품이 중국의 비단이나 인도의 향신료(후추 등)였습니다.

고대 그리스로마 시대 사람들의 옷을 보면 대부분 흰색 옷만 두르고 있었는데 색상이 있는 옷감을 대량으로 생산하는 기술이 없었기 때문입니다. 당시 천연색으로 각종 문양이 직조된 중국의 비단은 유럽에서 최첨단 최고급 제품이었습니다. 대량으로 수입할 수 없었기에 가격이 비쌌습니다. 비단 옷을 입는 일은 일부 귀족들만의 특권이었지요.

그러면 바다로 무역을 하면 되지 않겠는가 하고 물을 수 있겠지만, 거기에도 문제가 있었습니다. 그때까지 배는 사람이 직접 노를 젓는 방식이거나 배 뒤에서 불어오는 바람을 이용해서 운항하는 수준이었습니다.

로마가 지중해를 지배할 수 있었던 것은 배 바닥에서 많은 수의 노예들이 죽어라 노를 저어 이동하는 갤리선이라 불리는 배 덕분이었습니다. 영화 「벤허」를 보면 주인공으로 나온 찰턴 헤스턴이 갤리선 바닥에서 다리는 쇠사슬에 묶인 채로 노를 젓는 장면이 나옵니다. 그런 갤리선으로 만들 수 있는 문명의 무대는 지중해까지였습니다. 그보다 더 넓은 대서양 같은 바다는 건널 수가 없었습니다.

삼각돛의 발명

이런 상황이 천 년 넘게 지속되다가 삼각돛의 발명으로 큰 변화가 생겼습니다. 삼각돛을 사용하면 배의 뒤에서 불어오는 바람뿐 아니라 앞에서 불어오는 바람도 이용해서 전진할 수 있었습니다.

기존의 로마 갤리선 같은 배에 달린 돛은 직사각형 모양으로, 뒤에서 오는 바람을 최대한 많이 받아서 앞으로 빨리 가게 해주는 돛입니다.

그런데 삼각돛은 배의 앞부분에 달린 삼각형 모양의 돛입니다. 축에 꽂힌 돛대를 회전할 수 있게 되어 있는 돛 입니다. 바람이 앞에서 불어올 때는 삼각돛을 바람 방향에 맞춰 회전시킵니다. 그러면 돛의 바깥쪽 바람이 안쪽의 바람보다 빠르게 흘러가게 됩니다. 이때 물리학에서 이야기하는 '베르누이의 원리'에 의해 배를 앞으로 미는 힘이 생겨납니다. 비행기를 하늘로 뜨게 하는 양력의 원리이기도 합니다.

이렇게 삼각돛으로 만들어진 압력 차이로 배는 비스듬하게 앞으로 나갈 수 있습니다. 그러다가 삼각돛을 반대로 회전시키게 되면 반대 방향으로 비스듬하게 나가게 됩니다. 이를 반복하면 바람이 앞에서 불어온다 해도, 배는 지그재그 형태로 바람을 이기며 앞으로 나갈 수 있게 됩니다.

일반적인 범선의 모습을 보면 배의 앞부분에는 삼각돛을 달고, 가운데의 높은 돛은 직사각형 돛을 달고 있습니다. 이렇게 함으로써 뒤에서 바람이 불면 빠르게 전진하고, 앞에서 바람이 불면 삼각돛으로 전진하는 배가 만들어졌습니다. 이제는 인간의 노동력 없이 백 퍼센트 바람이라는 자연의 힘으로만 운항하는 배를 갖게 된 것입니다.

항해 거리는 혁명적으로 늘어났습니다. 그동안 지중해만 다니며 수백 km 내에서만 운항했다면, 삼각돛이 발명되면서 이제 3천 km가 넘는 대서양을 횡단할 수 있게 된 것입니다.

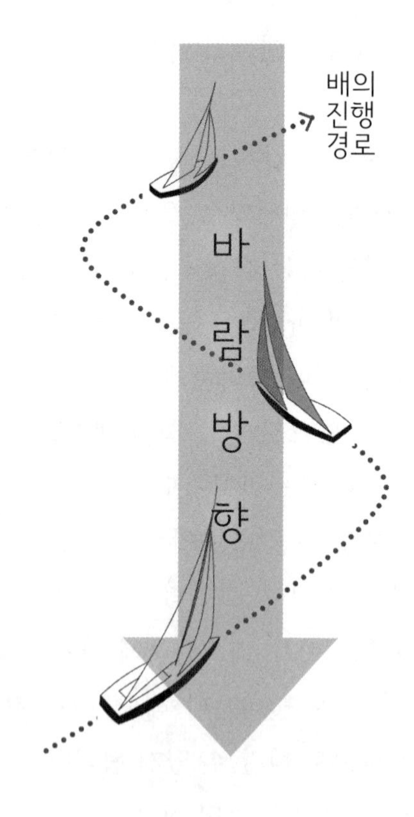

삼각돛을 단 배의 운항

대항해 시대

이런 돛을 발명한 사람들은 지중해 밖에 사는 유럽 사람들이었습니다. 왜냐하면 유럽에는 편서풍이 부는데 지중해 밖에 사는 사람들이 편서풍을 정면으로 뚫고 남쪽으로 내려와 지중해에서 무역을 하려면 뒤에서 불어오는 바람 없이도 항해할 방법이 필요했기 때문입니다.

그래서 네덜란드에서 처음으로 삼각돛을 이용해서 범선을 개발했고, 이후 삼각돛은 주로 영국이나 네덜란드, 스페인과 포르투갈에서 발달하게 되었습니다.

지중해 무역에서 소외되지 않기 위해 노력했던 이들은 삼각돛 항해술로 인해 역설적으로 지중해 밖의 세계의 바다를 지배할 수 있는 능력을 갖추게 되었습니다.

항해술의 발달과 항로 개척이 이어지며 15세기에 들어서 유럽은 대항해 시대를 열었습니다. 아프리카, 인도, 중국과의 무역을 통해 더불어 식민 지배를 통해 막대한 부를 축적했습니다. 그때부터 유럽은 중세와 근대를 거치며 세계 문명의 중심이 될 수 있었습니다.

처음 유럽에서 인도로 가는 길로 개척된 바닷길은 아프리카 남단의 희망봉을 돌아서 가는 길이었습니다. 그러나 이 길이 너무 멀다고 생각한 콜럼버스Christopher Columbus는 항해의 방향을 아프리카가 아닌 서쪽으로 잡아 인도로 가는 단축로를 구상했습니다.

그 결과 아메리카라는 신대륙을 발견하게 되었는데 당시

콜럼버스가 대서양을 건널 때에도 삼각돛을 이용했습니다. 사실 원래 영국은 해적의 나라에 불과했는데, 대서양으로의 바닷길이 열리면서 발전을 거듭해서 해가 지지 않는 대영제국이 될 수 있었습니다.

◎ ◎ ◎

몇몇 사람들은 콜럼버스의 신대륙 발견을 평가절하하려고 했습니다. 누구든지 그를 모방하여 서쪽으로 항해하기만 하면 바닷길로 신대륙에 갈 수 있게 되었으니까요. 그러자 콜럼버스는 사람들을 모아놓고 달걀을 그 뾰족한 곳이 밑으로 가게 탁자 위에다 세울 수 있냐고 물었습니다.

낑낑대며 애써 보았지만 아무도 달걀을 세우지 못했습니다. 그때 콜럼버스는 그 자리에서 달걀의 뾰족한 부분을 탁자 위에 툭 쳐서 약간 깨뜨린 다음 똑바로 세웠습니다. 그리고는 "신대륙 발견도 이와 같다"고 말해서 주위 사람들을 침묵시켰습니다.

누군가 새로운 방식을 알아낸 후에는 다른 사람들도 그것을 쉽게 따라할 수 있지만, 그 새로운 방식을 알아내는 일은 아무나 할 수 있는 일이 아니란 걸 '달걀 세우기'를 통해 보여준 것입니다.

First Mover가 됩시다

First mover퍼스트 무버는 콜럼버스처럼 최초로 무엇인가를 발견하거나 만들어내는 사람입니다. 남들이 가보지 않는 길을 가는 사람입니다. Fast follower패스트 팔로워는 재빨리 그것을 따라간 사람입니다.

남의 뒤를 따라 배우는 것도 물론 중요합니다. 문명도 그렇고 교육도 그렇고 초기 단계에서는 fast follower가 되어서 먼저 간 사람들을 따라 잡아야 합니다. 그러나 영원히 fast follower의 단계에만 머무를 수는 없습니다. 이전 것을 배워서 무엇인가를 새롭게 만들어내는 창조성을 하나님께서 사람에게 주셨기 때문입니다.

문명이 되었건 지식이 되었건 이전 단계를 넘어 새것을 창조하는 first mover가 되면 역사의 이정표가 됩니다. 우리나라의 대표적인 기업 삼성전자도 처음에는 fast follower였다가 각고의 노력 끝에 이제는 first mover가 되어 세계 일류의 반도체를 생산하는 기업이 되었습니다.

성경에 등장하는 인물 중에 대표적인 first mover가 바로 아브라함입니다. 우르에서 강을 따라 북쪽으로 가면 하란입니다. 당시의 사람들은 주로 강을 따라 이동했습니다. 우르를 나온 아브라함도 다른 사람들처럼 강을 따라 이동해서 하란에 도착했습니다.

그런데 그는 거기에만 머물지 않았습니다. 강줄기를 떠나 믿음으로 사막을 가로질러서 약속의 땅으로 이동했습니다다. 그렇게 아브라함은 믿음의 발걸음을 내딛음으로써 first mover, 축복의 조상이 되었습니다.

아브라함 이후의 사람들인 이삭과 야곱, 요셉은 조상을 따라 사는 fast follower가 되었는데도 아브라함의 복을 이어받는 사람들이 되었습니다. 물론 그들도 나중에는 아브라함처럼 first mover가 되었습니다.

콜럼버스처럼 아브라함처럼 first mover가 되는 비결이 무엇일까요? 물론 fast follower로서 열심히 공부하고 각고의 노력을 기울이는 일은 기본입니다. 가장 중요한 것은 지혜와 지식과 재능의 신이신 창조주 하나님을 믿고, 하나님의 사람이 되는 일입니다. 여러분은 하나님의 지혜와 재능의 신으로 충만한 first mover가 되게 해달라고 기도하세요.

> 여러분 가운데 누구든지 지혜가 부족하거든, 모든 사람에게 아낌없이 주시고 나무라지 않으시는 하나님께 구하십시오. 그리하면 받을 것입니다. 약1:5

> If any of you lacks wisdom, he should ask God, who gives generously to all without finding fault, and it will be given to him. James 1:5

✻ 돌 아 보 기 ✻

⊙ 야고보서 1장 5절 말씀을 두 번 적고 암송해 보세요.

(한글로)

____

____

____

____

____

____

(In English)

____

____

____

____

____

____

다

하나님은
주관자
우리는
대리자

16강 역사와 예언

성경은 참된 역사서이다

성경은 기본적으로 신화와 다른 역사서입니다. 신화는 "저속하고 헛된 꾸며낸 이야기딤전4:7"인 반면에 성경은 참된 이야기를 하고 있습니다.

마음속에 어떠한 편견 없이 성경을 읽는 사람은 그 내용이 참되다는 사실을 인정할 수밖에 없습니다. 모든 이야기를 하나님이 이끌어가고 계신 것이 보입니다. 성경은 역사를 통해서 하나님이 인간의 흥망성쇠와 생사화복을 주관하심을 알려줍니다. 우리가 하나님을 경외해야 할 것을 가르쳐줍니다.

신약 성경은 헬라어(고대 그리스어)로 씌어졌습니다. 헬라어에는 때와 시간을 나타내는 몇 개의 단어가 있는데 그중 크로노스chronos와 카이로스kairos를 구분하여 이해하면 좋습니다.

크로노스는 '물리적으로 흘러가는 달력상의 시간'을 뜻합니다. 그래서 '인간의 시간'이라고도 합니다. 카이로스는 '하나님이 일하시는 결정적인 순간'을 뜻합니다. 그래서 '하나님의 시간'이라고도 합니다.

세상의 역사가들은 크로노스만 봅니다. 물리적인 시간에 따라 흘러가는 인간의 역사만 보는 것이죠. 그러나 성경은 카이로스(하나님의 시간)를 가르칩니다. 역사는 혼자서 자동으로 흘러가지 않는다는 것이죠. 하나님이 역사를 주관하시며 역사 속에서 일하고 계시기 때문입니다.

◎ ◎ ◎

구약성경은 이스라엘의 역사책입니다. 전체 39권이죠. 모세오경(5권), 역사서(12권), 시가서(5권), 대선지서(5권)와 소선지서(12권)로 구성되어 있습니다.

성경에는 하나님의 계시啓示가 크게 하나님의 행동과 말씀으로 나타나는데 하나님의 행동은 역사로 나타납니다. 모세오경과 역사서 17권이 이에 해당합니다.

그리고 하나님의 말씀은 예언預言으로 나타납니다. 선지서 17권이 이에 해당합니다. 사람의 행동과 말을 통해서 그 사람을 알 수 있듯이, 우리가 하나님을 아는 방법도 두 가지가 있습니다. 역사와 예언입니다.

역사와 예언으로 하나님을 알 수 있다

우선 역사를 통해서 하나님의 행동(행하심)을 알 수 있습니다. 하나님이 행동으로 사람을 구원한 대표적인 예가 출애굽 사건입니다. 그리고 구원론적 관점에서 보면 창조는 최초이자 완전한 구원을 보여준 하나님의 행동입니다.

역사를 잘 공부하면 하나님을 알 수 있습니다. 어떤 경우에 하나님이 어떻게 행동하셨는가를 보면, 하나님이 무엇을 좋아하시고 무엇을 싫어하시는지를 깨닫게 됩니다. 거기서 우리가 무엇을 하고 무엇을 하지 말아야 하는지를 배울 수 있습니다. 그 배운 것을 믿음으로 실천하면 신앙이 자라나는 것입니다.

역사를 보면, 어떤 그룹이 하나님을 경외하고 하나님의 도구로 쓰임 받을 때는 왕성하게 일어나지만, 그들이 하나님을 잊고 교만하게 행동하면 무너지고 만다는 것을 반복해서 확인할 수 있습니다.

또한 하나님이 하신 말씀을 공부하면 하나님을 알 수 있습니다. 누군가 무엇에 대해 예언했을 때, 그것이 예언한 그대로 성취되기는 너무나 어렵습니다. 사람은 미래를 알지 못하기 때문입니다. 그러나 하나님은 미래를 알고 계십니다. 그러므로 미래를 말하고 미래의 일을 성취하시는 분은 오직 하나님밖에 없습니다.

성경을 보면 하나님은 미래에 대해 말씀하십니다. 그리고 그 말씀을 성취하십니다. 우리가 역사, 인문학을 공부하는 것은 역사를 통해서 인문을 배우고, 인문을 넘어 신언신행神言神行을 배우기 위함입니다.

성취된 예언과 남은 예언

구약 성경에는 메시아에 대해 많은 예언들이 있는데 그 예언들은 예수님을 통해 정확하게 성취되었습니다. 이사야 7장 14절에는 예수님께서 동정녀에게서 태어나셔서 우리 함께 사실 것(임마누엘)이 예언되어 있습니다. 또한 예수님께서 새끼 나귀를 타고 예루살렘에 들어가시고슥9:9, 매를 맞고 찔리고 상처를 입으실 것이며사53:5, 그로 인해 우리의 죄와 더러움이 씻어질 것슥13:1이 예언되어 있습니다.

예레미야 선지자는 이스라엘 백성들이 70년간 바벨론에서 포로 생활을 할 것을 예언했습니다. 그 예언은 정확하게 성취되었습니다. 바벨론을 정복한 페르시아의 고레스 왕이 유대인들이 유대 땅으로 돌아가도록 허락했기 때문입니다. 꼭 70년만이었습니다.

우리가 앞의 12장에서도 보았지만 다니엘서에 나오는 신상에 대한 꿈 해석과 짐승의 제국에 대한 예언은 세계사를 통해서 그대로 다 성취되었습니다. 오늘 성경을 읽는 우리에게는 그때의 예언이 이미 역사가 되었습니다. 예언에 등장한 제국의 왕들이 인간의 탈을 쓴 짐승이었음을 역사를 통해 확인

하였습니다.

이렇듯 구약의 예언은 거의 모두가 성취되었고, 이제 한 가지만 남아 있습니다. 바로 예수 그리스도의 재림과 관련된 예언입니다.

> 내가 또 밤 환상 중에 보니 인자 같은 이가 하늘 구름을 타고 와서 옛적부터 항상 계신 이에게 나아가 그 앞으로 인도되매 그에게 권세와 영광과 나라를 주고 모든 백성과 나라들과 다른 언어를 말하는 모든 자들이 그를 섬기게 하였으니 그의 권세는 소멸되지 아니하는 영원한 권세요 그의 나라는 멸망하지 아니할 것이니라 단7:13-14

역사와 예언을 결합하여 보기

역사서와 예언서 사이에 있는 성경 5권이 있습니다. 욥기, 시편, 잠언, 전도서, 아가입니다. 이들을 시가서 또는 지혜서라고 합니다.

시가서의 근본 내용은 한마디로 믿음과 순종입니다. 하나님의 말씀에 대한 사람의 응답을 적은 책들입니다. 욥기를 통해서 고난을 이기는 법을, 시편을 통해서 기도하는 법을, 잠언을 통해서 지혜롭게 사는 법을, 전도서를 통해 허무한 인생이 영원한 하나님으로 즐거워하는 법을, 아가서를 통해 인생의 근본인 경천애인敬天愛人을 배울 수 있습니다.

우리는 하나님을 믿기 때문에 기도합니다. 또한 우리가 하나님께 순종하였을 때 하나님께서 행하신 일을 보고 하나님을 찬송합니다. 믿음과 순종이 없다면, 기도하고 찬송할 이유가 없습니다. 시가서를 보면, 하나님이 역사와 예언을 통해 말씀하시고, 거기에 대해 인간이 응답하는 것들을 볼 수 있습니다.

◎ ◎ ◎

이스라엘의 초대 왕인 사울과 그 다음 왕인 다윗의 이야기가 사무엘 상하입니다. 솔로몬 왕부터 르호보암과 여로보암, 여러 명의 왕이 등장하는 열왕기 상하는 선지자 엘리야와 엘리사를 중심으로 이야기를 하고 있습니다. 이것은 이스라엘의 진짜 왕은 하나님이라는 것을 말합니다.

사람이 세운 정치적 왕이 있었지만, 실제로 하나님의 말씀을 전달하며 백성을 다스리던 '하나님의 대리 통치자'는 선지자들이었습니다. 엘리야와 엘리사는 구두 예언자로서 그들이 무엇을 가르쳤는지 자세한 기록이 없습니다. 그러나 하나님 앞에서 선지자로서 왕 같은 쓰임을 받았습니다.

바벨론 포로기에 기록된 역대기 상하는 남유다 왕조의 이야기를 다시 풀어갑니다. 그들의 희망은 무너진 성전을 다시 건축하는 일이었습니다. 그래서 이스라엘의 황금기 때 성전을 건축한 다윗 왕과 솔로몬 왕의 이야기가 많은 부분을 차지합니다.

예언자 이사야는 남유다에서 활동했고, 예레미야는 남유

다 왕국의 멸망 직전에 활동했습니다.

역대기의 마지막 구절인 역대하 36장 22, 23절과 이어지는 에스라 1장 1~3절을 보면 같은 말씀의 반복입니다. 그 내용을 보면, 페르시아 왕 고레스의 명령에 따라 유대인들이 70년간의 포로 생활을 마치고 귀환하게 되는데 이는 예레미야를 통해 예언하신 하나님의 말씀이 이뤄진 것이었다는 점을 강조하고 있습니다.

에스라와 느헤미야서는 포로 생활에서 예루살렘으로 돌아와 성전을 건축하고 성벽을 재건한 이야기입니다.

이렇게 역사를 알면 예언서를 더 잘 이해할 수 있습니다. 이 책에서 역사 인문학을 공부하면서 역사서를 중심으로 이야기하는 것은 하나님께서 역사를 통해 어떻게 일하셨는지 확인하기 위함입니다.

우리는 역사를 보고 예언이 성취되었다는 것을 배웁니다. 역사와 예언을 결합하는 것입니다. 그러면서 깨닫습니다. "하나님의 말씀은 결국 이뤄지는구나." 그렇게 되면 하나님의 말씀을 더 믿고 하나님이 말씀하신 것에 대해 더 순종할 수 있습니다.

> 아득한 옛날을 회상하여 보아라. 조상 대대로 내려온 세대를 생각하여 보아라. 너희의 아버지에게 물어보아라. 그가 일러줄 것이다. 어른들에게 물어보아라. 그들이 너희에게 말해 줄 것이다. 신32:7

하나님의 계시는 반드시 이루어진다

우리는 대개 눈에 보이는 것은 알 수 있지만 눈에 보이지 않는 것은 잘 알 수 없습니다. 그런데 하나님은 우리 눈에 보이지 않는 분입니다. 또한 우리는 우리의 미래도 알 수 없습니다. 우리 눈에 보이지 않고 우리가 경험하지 못했기 때문입니다.

하지만 하나님은 계시(revelation)를 통해 하나님의 일을 미리 보여주고 그 일을 성취하심으로써 우리가 하나님을 믿고 따라갈 수 있게 하십니다. 창세기 15장에 하나님이 아브라함과 언약을 맺는 장면을 봅시다.

> "너는 똑똑히 알고 있거라. 너의 자손이 다른 나라에서 나그네살이를 하다가 마침내 종이 되어서 사백 년 동안 괴로움을 받을 것이다. 그러나 너의 자손을 종살이하게 한 그 나라를 내가 반드시 벌할 것이며, 그다음에 너의 자손이 재물을 많이 가지고 나올 것이다." 창15:13-14

이 말씀은 아브라함의 후손이 애굽에서 종살이를 하다가 출애굽하게 될 것에 대한 예언입니다. 그 예언은 실제 그대로 성취되어 이스라엘의 역사로 기록되었습니다. 이처럼 출애굽 사건은 하나님의 약속(promise)과 성취(fulfillment)를 너무나 잘 보여주고 있습니다.

창세기 50장에 요셉이 죽으면서 마지막 유언을 남기는 장면이 나옵니다.

> "나는 곧 죽는다. 그러나 하나님께서 반드시 너희를 돌보시고, 너희를 이 땅에서 인도하여 내셔서 아브라함과 야곱과 이삭에게 맹세하신 땅에 이르게 하실 것이다." 창50:24

요셉의 아버지 야곱이 세겜 땅에서 살다가 가족들을 이끌고 이집트로 이주하였는데 약 150년이 지나면 그 후손들이 다시 돌아가게 될 것을 미리 말하고 있습니다.

그런데 돌아갈 가나안 땅에는 야곱의 후손들이 소유하고 있는 땅이 없었습니다. 고작해야 선조 아브라함이 안장된 막벨라 굴과 어릴 적 살았던 헤브론 땅에 대한 기억 정도밖에 없습니다. 이성적으로 생각하면 돌아갈 이유가 별로 없는 것입니다. 그런데도 요셉은 이렇게 말하며 이스라엘 자손에게 맹세까지 시킵니다.

> "하나님께서 반드시 너희를 돌보실 날이 온다. 그때에 너희는 나의 뼈를 이곳에서 옮겨서 그리로 가지고 가야 한다" 창50:25

이 말은 예언이었습니다. 요셉은 계시를 통해 그런 일이 일어날 것을 미리 알았던 것입니다. 실제로 나중에 출애굽 사건이 벌어졌을 때 모세는 그 바쁜 와중에도 요셉의 유골을 챙겨서 이집트를 빠져나갑니다. 하나님의 계시는 반드시 행동으로 이루어집니다.

◎ ◎ ◎

출애굽기를 보면 하나님께서 파라오와 이집트에 내리신 열 가지 재앙과 이스라엘 백성이 홍해를 건너서 약속의 땅으로 향하는 과정을 자세하게 기록했습니다. 이집트의 경제를 떠받치던 모든 히브리 노예들이 탈출하고, 이를 뒤쫓던 이집트 군대가 홍해에 수장됩니다. 정의를 외면하고 하나님의 뜻을 거슬러 끝까지 욕심을 부리는 자들의 말로를 보여줍니다.

역사가 반복되는 이유

오리엔트 문명이 꽃핀 지 1,000년에서 1,500년이 지나 그리스 문명이 시작되었습니다. 플라톤의 글을 보면, 그리스는 현상(그림자)이고, 이집트 문화가 이데아(본질)이니 그리스 사람들은 이집트에 가서 배우라고 합니다.

서양사의 아버지라고 불리는 헤로도토스는 페르시아와 그리스의 전쟁 이야기를 『역사』라는 책으로 썼는데, 다니엘서에는 그러한 역사가 이루어질 것이 이미 예언되어 있었습니다. 오리엔트 문명이 앞서 가고 그리스 문화가 따라갔던 것처럼, 예언이 앞서 가고 역사가 따라 간 것입니다.

투키디데스Thucydides는 아테네(민주주의)와 스파르타(군주주의)의 전쟁을 다룬 『펠로폰네소스 전쟁사』를 썼습니다.

그는 “역사는 영원히 되풀이된다”라는 유명한 말을 남겼지요.

펠로폰네소스 전쟁은 고대 그리스에서 아테네 주도의 델로스 동맹과 스파르타 주도의 펠로폰네소스 동맹 사이에 일어난 전쟁으로 그리스의 황금시대를 극적으로 종식 시켰습니다.

그 전쟁에서 이긴 건 스파르타였는데, 스파르타가 원래 어떤 나라였냐 하면, 갓 태어난 아이도 약한 아이는 절벽에서 던져버리는 그런 나라였습니다. 스파르타는 점점 귀족이 줄어들고, 전쟁도 많이 일으켜서 결국 패망하게 됩니다. 그리스 북부의 마케도니아 왕국에게 정복을 당한 것입니다.

『펠로폰네소스 전쟁사』는 왜 그리스의 도시 국가들이 패망하고 마케도니아 왕국에 의해 통일이 되었는지 자세하게

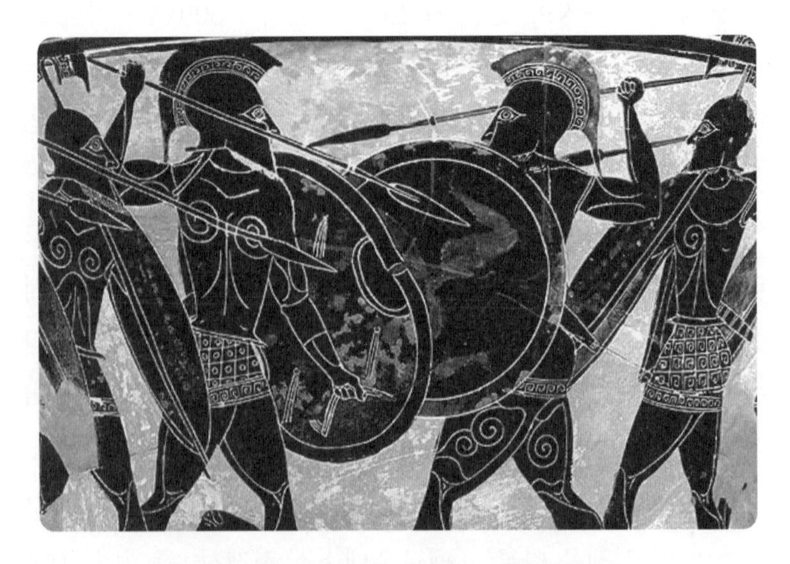

고대 그리스 유물에 그려진 스파르타 병사

기록하고 있습니다.

이런 역사를 보며 우리가 하나님의 교훈을 얻어야 하는데, 사람이 어리석은 존재다 보니, 투키디데스가 말한 것처럼 안 좋은 역사가 반복되고 또 반복됩니다.

◎ ◎ ◎

다니엘서는 그렇게 반복되는 제국의 역사에 대해 예언하고 있습니다. 느부갓네살 왕의 꿈을 통해 보게 된 환상이 나옵니다. 머리는 금이고, 가슴과 팔은 은이고, 배와 넓적다리는 놋쇠이고, 무릎 아래는 놋쇠이고, 발의 일부는 쇠와 진흙으로 된 신상에 대한 환상이었지요. [바벨론]→[페르시아]→[헬레니즘]→[로마]로 이어지는 제국의 흥망성쇠를 요약하여 예언한 것입니다.

벨사살 왕 첫해에 다니엘은 한 번 더 환상을 보았습니다. 네 짐승에 대한 환상이었습니다. 그 네 짐승 역시 [바벨론]→[페르시아]→[헬레니즘 제국]→[로마]를 의미합니다.

특별히 셋째 짐승은 네 개의 머리를 갖고 있었는데, 그것은 헬레니즘 제국이 네 개의 나라로 나뉠 것을 예언한 것입니다. 실제로 헬레니즘 제국은 알렉산더 대왕이 죽은 후에 네 개의 제국으로 나뉩니다. 그중에 기억해야 할 왕조는 셀류시드 왕조와 프톨레미 왕조입니다.

역사의 주관자이신 하나님

다니엘이 본 환상이 역사를 통해서 다 이루어지자 당시 사람들이 예언과 성취에 대한 하나님의 말씀을 알고 싶어 했습니다. 그래서 하나님은 세계사에 대한 예언과 성취가 기록되어 있는 다니엘서 2장~7장을 그 시대의 공용어인 아람어로 기록하셨습니다. 구약성경 전체가 히브리어로 기록되었는데 특별히 이 부분만 아람어로 기록한 것입니다. 요즘으로 치자면 세계 여러 나라 사람들이 함께 읽을 수 있도록 영어로 기록했다고나 할까요?

세상 사람들도 예언과 성취에 많은 관심이 있습니다. 하나님께서 하시는 일이 나타나면, 그들도 하나님께서 역사의 주관자시라는 사실을 인정하게 됩니다.

바로 느부갓네살 왕이 그랬습니다. 그는 다니엘이 자기 꿈을 해몽하는 것을 듣고 나서 엎드려서 다니엘에게 절합니다. 그리고 다니엘을 바벨론 지역의 통치자와 바벨론 모든 지혜자의 어른으로 삼았습니다. 그때까지 하나님을 알지 못했던 느부갓네살 왕은 이렇게 고백했습니다.

> 그대들의 하나님은 참으로 모든 신 가운데서 으뜸가는 신이시오, 모든 왕 가운데서 으뜸가는 군주이시다. 그대가 이 비밀을 드러낼 수 있었으니 과연 그대의 하나님은 비밀로 드러내는 분이시다. 단2:47

✲ 돌아보기 ✲

◉ 빈 칸을 채워 보세요.

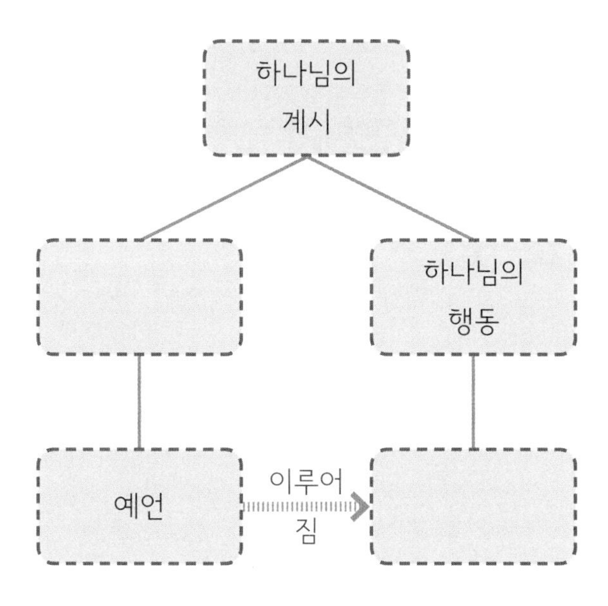

◉ 신언신행을 한자로 쓰고 그 의미를 적어 봅시다.

神	言	神	行

____

____

17강

하나님의 나라와 역사철학

하나님의 나라를 구성하는 3요소

역사 속에서 우리가 발견할 수 있는 궁극적인 하나님의 꿈은 무엇이라고 할 수 있을까요? 한마디로 말하면 하나님 나라입니다. 그렇다면 하나님의 나라는 무엇으로 어떻게 이뤄지나요?

일반적으로 나라를 구성하는 세 가지 요소가 있는데 주권, 백성, 영토입니다. 요즘과 같은 민주주의 시대에는 나라의 주권이 국민에게 있지만, 예전만 해도 나라의 주권은 왕에게 있었죠.

그렇다고 왕이 자기 마음대로 나라를 다스리는 것은 아닙니다. 왕도 법으로 나라를 다스립니다. 그러면 우리에게는 누가 왕이고, 그의 법은 무엇이고, 그를 따르는 백성은 누구일까요? 네. 하나님이 우리의 왕이고, 하나님의 말씀이 우리 법이며, 우리가 바로 하나님의 백성입니다.

나라를 구성하는 3요소 중에도 주권이 중요합니다. 백성들을 가만히 놔두면 모래알에 불과하지만, 그것을 하나로 아우르는 것이 주권입니다. 우리나라 역사를 보더라도 외세의 침략으로 주권을 잃었을 때 이 땅의 힘없는 백성들이 얼마나 많은 수탈을 당했는지요?

우리의 주권(lordship)을 가진 분이 누구입니까? 네, 예수님입니다. 오직 예수님만이 우리의 왕입니다. 그런데 여전히 스스로 왕인 것처럼 살아가는 어리석은 사람들이 있습니다.

하지만 예수님을 왕으로 모신 사람들이 세상에 나가서 겸손하게 섬기며 하나님께 영광을 돌리면 세상 사람들도 조금씩 깨닫습니다. "아, 하나님을 믿는 사람들의 모습이 저러하다면, 나도 저렇게 살고 싶다"고 생각하게 됩니다. 그렇게 하나님의 주권을 인정하는 하나님의 백성들이 많아지면 하나님의 나라가 확장되는 것입니다.

우리가 사는 세상에는 법이란 것이 있습니다. 이 땅의 왕은 계속해서 바뀌어도 법은 쉽게 바뀌지 않기에 통치자에 따라 나라가 좌지우지되는 일을 방지해 줍니다. 원래 법法은 물(水)이 흘러가듯(去) 자연스러워야 합니다. 순리대로 지어진 법은 사람들의 양심에 부합합니다.

그런데 세상에는 법을 자기 입맛대로 바꿔서 자기 유익을 취하려는 사람들도 있습니다. 그래서 사람이 만든 법은 항상 한계가 있습니다. 그 법을 기초로 하는 통치자의 통치도 당연히 한계가 있습니다.

그래서 하나님은 이스라엘 백성에게 모세오경을 주셨습니다. 하나님 나라의 공동체를 어떻게 이루어 갈 것인지에 대해 하나님이 직접 말씀해 주신 것입니다. 그 하나님의 말씀이 이스라엘 공동체의 법이 되어, 이스라엘 백성들은 다른 길로 갔다가도 다시 하나님의 길로 돌아올 수 있었습니다.

오늘날 예수님을 믿는 우리도 마찬가지입니다. 성경에 우리가 살아야 할 법이 적혀 있습니다. 잠시 내 맘대로 살다가도 성경 말씀을 보고는 “아, 이러면 안 되는구나. 내가 다시 예수님이 말씀하신대로 살아야겠구나” 하고 돌아올 수 있습니다. 그것이 하나님 나라의 백성으로서 왕이신 하나님의 주권을 인정하는 삶입니다.

그런데 하나님의 나라는 땅(영토)이 없을까요? 물론 있습니다. 사람이 죽으면 천국을 간다고 생각하는데 우리가 살아가는 이 땅에도 천국이 있습니다. 바로 교회입니다. 이 교회라는 것이 사람의 눈으로 보면 아주 작게 보일 수 있습니다.

교회라는 표현을 원어로 보면 에클레시아έκκλησια입니다. 이 에클레시아는 원래 로마 시대의 ‘총회’를 일컫는 말입니다. 꼭 종교적인 표현만은 아니었습니다. 예수님을 믿는 사람이든 안 믿는 사람이든 일반적으로 쓰는 표현이었습니다.

그런 의미에서 에클레시아는 하나님의 부르심을 받은 사

람이 모이는 교회(gathering church)이면서 세상으로 흩어지는 교회(scattering church)입니다. 믿는 자들이 교회에 모여 있을 때에는 작아 보이지만 그들이 세상으로 흩어지면 그 교회는 매우 커지게 됩니다. 나아가 우리의 궁극적인 영토는 새 하늘과 새 땅벧후3:13, 계21:2입니다.

무소부재하신 하나님은 지구만이 아니라, 온 우주도 다스리고 계십니다. 에클레시아는 부르심을 받은 성도들의 공동체로 하나님은 교회를 통해서 세계가 하나님 나라의 영토라는 것을 보여주고 있습니다.

시간도 하나님이 주관하는데 사람의 일생이 백 년이라면 하나님의 영원 앞에서는 하나의 점에 불과합니다. 어떤 의미에서 우리는 '순간의 시간'을 살고 있는 것입니다. 하지만 동시에 우리는 영원에 잇대어 살고 있습니다.

우리의 시간이 하나님의 영원과 잇대어 있는 것처럼, 우리는 교회를 통해서 세계 및 온 우주와 잇대어 삽니다. 하나님의 통치가 세계와 온 우주를 총괄하고 있기 때문입니다.

성경의 역사철학

앞에서 성경의 시대를 창조 시대로부터 포로 시대까지 여섯 시대로 나누었지요? 시대별로 역사를 살펴보면 성경이 역사를 통해 말하고자 하는 역사철학이 보입니다.

특별히 신명기의 역사철학은 '하나님의 왕 되심을 따르고 순종하면 복에 복을 받지만, 하나님의 말씀을 거역하면 화를 입는다'라는 순복역화順福逆禍입니다. 신명기 이후에 나오는 사사기를 보아도 그렇고 이스라엘의 역사를 보면 순복역화의 역사가 계속해서 반복됩니다.

> 당신들이 주 당신들의 하나님의 말씀을 귀담아듣고, 내가 오늘 당신들에게 명한 그 모든 명령을 주의 깊게 지키면 주 당신들의 하나님이 당신들을 세상의 모든 민족 위에 뛰어나게 하실 것입니다. 당신들이 주 당신들의 하나님의 말씀에 순종하면 이 모든 복이 당신들에게 찾아와서 당신들을 따를 것입니다. 신28:1-2

첫 사람 아담에게는 원래 축복과 생명의 길만 있었는데, 불순종으로 인한 죄로 저주와 사망의 길이 열리게 되었습니다. 창세기 3~11장에서는 저주라는 말이 6번이나 나오고 있습니다.

그러나 12장에 나오는 아브라함이라는 믿음의 조상, 축복의 조상 한 사람을 통해서 이런 저주가 소멸하고, 축복의 길이 열립니다. 아브라함을 통해서 예수님이 하실 일을 미리 보여준 것입니다. 예수님이 오심으로 모든 인류에 사망에서 생명으로의 길이 열렸습니다.

> 나는 오늘 하늘과 땅을 증인으로 세우고 생명과 사망, 복

> 과 저주를 당신들 앞에 놓았습니다. 당신들과 당신들의 자손이 살려거든 생명을 택하십시오. 신30:19

역사를 자유정신의 발전으로 본 독일의 철학자 헤겔은 역사를 인정투쟁이라고 봤습니다. 즉, 서로가 주인이라고 주장하면서 결국 싸워 이긴 쪽이 주인임을 인정받는다는 것이지요. 싸움에서 패한 사람은 죽든지 아니면 노예가 되는 것입니다.

그러나 성경의 역사철학은 다릅니다. 하나님의 법을 따라 이웃을 사랑하라고 합니다. 헤겔의 철학과는 다르게 가장 높은 왕이신 예수님은 거꾸로 섬기러 오셨습니다. 여러분은 예수님처럼 성경의 역사철학을 가지고 세상을 섬김으로써 세상을 하나님 나라로 인도하는 사람이 되길 축복합니다.

> 인자는 섬김을 받으러 온 것이 아니라 섬기러 왔으며, 많은 사람을 구원하기 위하여 치를 몸값으로 자기 목숨을 내주러 왔다. 막10:45

사관의 중요성

『분홍나라의 왕』이라는 책이 있습니다. 분홍색을 좋아하는 왕은 옷부터 시작하여 왕궁 전체를 분홍색으로 바꾸었습니다. 신하들과 백성들, 그리고 땅과 나무도 모두 분홍색으로 칠했습니다. 그런데 하늘과 바다는 왕이 아무리 명령해도 분홍색으로 바꿀 수 없었습니다. 그래서 왕은 지혜자를 찾아가서 하늘과 바다조차 온통 분홍색으로 바꿀 수 있게 부탁을 했습니다.

만일 여러분이 지혜자라면 어떻게 답하시겠습니까? 지혜자는 뜻밖에도 분홍색 안경을 선물로 주었습니다. 그러자 하늘과 바다가 분홍색으로 보였습니다. 이후로 왕은 백성들을 힘들게 할 필요가 없었습니다. 왕은 분홍색 안경을 쓰고, 분홍나라에서 행복하게 살았기 때문입니다.

사관이란 역사를 보는 안경이요, 세상과 사건과 사람을 보는 안경입니다. 사학자 한영우 교수는 "죽어있는 과거에 생명을 불어넣어서, 미래의 삶을 바르게 인도하는 것이 과거에 대한 바른 해석이다. 그리고 그 해석을 사관이라고 한다"라고 이야기하고 있습니다. 그래서 역사의 주체를 누구로 보느냐에 따라서 다음과 같은 다양한 사관들이 있습니다.

1. 기독교사관 : 창조의 하나님, 구원의 하나님, 종말의 하나님이 역사의 시작과 완성이기에 모든 역사를 하나님 중심으로 보는 사관
2. 영웅사관 : 세종대왕, 이순신 장군과 같은 영웅을 중심으로 역사를 서술하는 사관
3. 민중사관 : 최근에 생겨난 사관으로 영웅을 중심으로 봤던 이전 사관에서 벗어나서 평범한 백성들을 중심으로 역

사를 서술하는 사관

4. 유물사관 : 부귀영화와 같은 물질의 생산력과 생산관계로 역사를 서술하는 사관
5. 민족주의사관 : 자기 민족을 중심으로 역사를 서술하는 사관
6. 관념주의 사관 : 유물사관과는 반대로 세계이성으로 인해 역사가 실현된다는 헤겔의 사관
7. 그밖에 영적 관점, 윤리적 관점, 문화적 관점, 실증적 관점의 다양한 사관이 있다.

사관은 시대에 따라 변하기도 합니다. 시대마다 환영받는 사관이 다른 것입니다.

그러나 성경을 통해 예수 그리스도를 믿는 사람은 시대가 변하고 상황이 달라지더라도 하나님만이 역사의 주관자가 된다는 변함없는 사실을 믿는 사람입니다. 그 하나님이 지금도 그분의 백성 된 우리를 통해 일하고 계십니다.

◎ ◎ ◎

세상 역사는 '누가 왕이 되었는가?'에 큰 관심을 갖습니다. 그러나 성경에서 중요한 것은 '하나님이 누구를 왕으로 세워서 어떻게 통치하는가?'입니다. 또 '누가 하나님의 백성인가?' 하는 것입니다.

구약에서는 아브라함의 자손, 그 혈육이 하나님의 백성이었습니다. 유전적인 피가 중요하다 여겨졌지요. 그들은 선민選民, 보배로운 백성으로 불렸습니다.

그런데 신약에서는 예수 그리스도의 피를 믿는 사람이 새 이스라엘의 하나님 백성이 됩니다. 세례 요한은 아브라함의 자손이라고 심판을 피하는 것이 아니고, 돌들로도 하나님의 자녀를 만들 수 있다고 하면서 회개하지 않는 자들은 다 망할 것이라고 하였습니다. 조상의 피보다 회개와 믿음 그리고 예수의 피를 강조하고 있습니다.

✲ 돌아보기 ✲

◉ 맞는 것끼리 연결해 보세요.

최근에 생겨난 사관으로 영웅을 중심으로 봤던 이전 사관에서 벗어나서 평범한 백성들을 중심으로 역사를 서술하는 사관 •	• 영웅사관
세종대왕, 이순신 장군과 같은 영웅을 중심으로 역사를 서술하는 사관 •	• 기독교사관
자기 민족을 중심으로 역사를 서술하는 사관 •	• 관념주의사관
유물사관과는 반대로 세계 이성으로 인해 역사가 실현된다는 헤겔의 사관 •	• 민중사관
창조의 하나님, 구원의 하나님, 종말의 하나님이 역사의 시작과 완성이기에 모든 역사를 하나님 중심으로 보는 사관 •	• 민족주의사관
부귀영화와 같은 물질의 생산력과 생산관계로 역사를 서술하는 사관 •	• 유물사관

18강 진정한 지도자의 조건

누가 진짜 왕인가

고대로부터 이스라엘의 주변 나라에는 왕이 있었지만, 이스라엘에는 처음부터 왕이 없었습니다. 왜냐하면 이스라엘의 진짜 왕은 하나님이시기 때문입니다. 그런데 이스라엘 백성이 가나안에 정착한 후 사사 시대를 지나면서 왕을 세워달라고 요청했습니다. 하나님은 씁쓸해하셨지만 허락하셨습니다.

그렇게 세워진 왕은 하나님을 대신해서 이스라엘을 다스리는 왕으로서 철저하게 '대리 왕'이었습니다. 마태복음을 펼치면 곧바로 아브라함과 다윗의 자손 예수 그리스도의 계보가 나오는데 거기에는 이스라엘 왕들의 족보도 들어있습니다. 그 족보를 자세히 보면 다윗 왕을 빼고는 아무에게도 왕이란 호칭을 사용하지 않았습니다. 그 훌륭했던 솔로몬이나 요시야에게도 왕이란 호칭을 붙이지 않았습니다. 그것은 하나님만이 진정한 왕이기 때문입니다.

세상은 하나님께서 진정한 왕이라는 사실을 잘 모를 때가 많습니다. 그래서 하나님과 상관없이 자기들끼리 왕을 세우거나 스스로가 왕이 될 수 있다고 생각합니다. 그러면서도 정작 무엇이 문제인지는 잘 깨닫지 못합니다.

다니엘 7장이나 요한계시록 13장을 보면 짐승이 세상을 다스리고 있습니다. 다니엘이 환상으로 본 그 짐승들이 누구입니까? 바벨론, 페르시아, 헬레니즘 제국, 로마 제국의 왕들입니다.

백성들은 훌륭한 이가 자기들의 왕이 되어 다스려 줄 것을 기대했습니다. 그런데 실상을 알고 보니 짐승이 다스리고 있었습니다. 하나님께서 진정한 왕이신 것을 인정하지 않았던 왕들에게 사탄의 영, 짐승의 영이 임하였기 때문입니다. 결과적으로 사람들은 짐승에게 절하고 그들의 다스림을 받은 것입니다.

탁월한 지도자는 누구인가

사람이 하나님을 근본으로 삼으면 오히려 그 사람은 대우를 받고 높아집니다. 그런데 이러한 신본神本을 없애버리고 그냥 사람만 높이는 세속 인본주의人本主義를 추구하면 사람들의 바람처럼 따뜻한 세상이 이뤄질까요? 역사는 전혀 그렇지 않다는 것을 증명합니다.

이 왕이 괜찮을까 해서 기대했더니 웬걸 그는 짐승처럼 자기 좋은 일만 합니다. 또 다른 왕은 괜찮을까 했더니 그도 짐승과 다를 바 없는 행동을 합니다. 그 결과 그런 왕의 다스림을 받은 사람들의 삶은 짐승만도 못하게 추락하고 말았습니다.

모두가 함께 잘 사는 진짜 인본주의 세상을 만들려고 한다면 먼저 신본주의를 내세우고 하나님께로 돌아가야 합니다. 그래서 더는 자기의 뜻에 맞는 대로 할 것이 아니라 하나님의 뜻을 이루고자 노력해야 합니다.

온전한 공동체, 행복한 나라를 이루려면 하나님의 뜻을 이루려는 탁월한 지도자를 중심으로 사람들의 마음과 생각이 한마음, 한뜻이 되어야 합니다. 그렇다면 누가 탁월한 지도자일까요?

공산주의를 일으킨 카를 하인리히 마르크스Karl Heinrich Marx에 대항하기 위해 자본주의에서 내세운 막스 베버Max Weber라는 사회학자가 있습니다. 그는 어떻게 하면 사회가 좋아지고, 잘 살 수 있는지 연구했는데 그의 결론은 그 사회의 지도자가 누구냐에 따라 그 사회의 운명이 결정된다는 것이었습니다. 그러면서 지도자의 리더십과 권위(authority)를 강조합니다.

여기서 잠깐 이 '권위'와 흔히 말하는 '권위주의'를 구분하고 넘어가겠습니다. 권위주의權威主義는 권력이나 위력으로 남을 억누르거나 권위에 맹목적으로 복종시키려고 하는 사고방식이나 행동양식으로써 공동체를 깨뜨리는 해악을 끼칩니다. 그래서 권위주의는 타파해야 합니다.

막스 베버(1864~1920)는 독일의 학자로 사회학의 성립에 중요한 영향을 끼쳤다.

그의 저서 「프로테스탄티즘의 윤리와 자본주의정신」에서 마르크스 이론을 반박하며 "이윤을 적극 추구하는 신교도 윤리가 자본주의를 낳았다"고 주장했다.

그렇다고 권위주의가 싫으니 각자 자기 소견에 옳은 대로 하도록 내버려 둔다면, 백인백색百人百色이 되고 말 것입니다. 다들 제각각이어서 하나가 될 수 없고, 결국 이런 사회는 사분오열四分五裂이 될 수밖에 없습니다.

권위 있는 지도자는 사람들을 억누르거나 강제하지 않으면서도 그들이 올바른 방향으로 나아갈 수 있도록 돕습니다. 배려하고 솔선수범합니다. 그럴 때 사람들은 그의 실력과 진정성에 감복하여 그를 따라 갑니다. 이것이 권위입니다.

지금 우리 사회를 보면서 자꾸만 사사시대가 연상되는 것은 참으로 안타까운 일입니다. 그래서 권위 있는 지도자를 중심으로 구성원들이 한마음, 한뜻으로 모이는 좋은 공동체에 대한 간절함이 있습니다.

베버는 최고의 공동체를 만든 지도자의 권위를 자세히 살펴보고, 연구한 결과 최고의 지도자는 하나님으로부터 특별히 부여받은 재능인 '카리스마'가 있다는 것을 알게 되었습니다.

여기서 카리스마charisma의 어원에 대해 알아봅시다. 카리스마는 돌봄(care)을 뜻하는 'char'와 이념(doctrine)을 뜻하는 'ism'에 접미사 'a'가 결합된 말입니다. 헬라어 charism은 하나님에 대한 믿음이 있는 자를 보호(care) 하려고 하나님이 내린 '은총(grace), 총애(flavor), 재능'을 뜻합니다.

그러므로 카리스마는 하나님이 하나님을 믿는 어떤 사람에게 내린 초자연적인 능력을 가리키며, 쉽게 말하자면 예언이나 병을 낫게 하는 기적을 일컫는 말이기도 합니다. 한 마디로 카리스마는 성령의 은사라고 할 수 있지요.

현대 사회에서는 카리스마가 다른 사람들을 감명시키는 매력이나 재능을 일컫는 말로 많이 쓰입니다. 성경에 나오는 탁월한 리더들은 카리스마와 더불어 영권(spiritual authority)을 가진 사람들이었습니다. 사람에 의해 세워진 권위가 아니라 하나님이 세워주신 권위를 영권이라고 합니다.

물 댄 동산이 됩시다

성경에 보면 '물 댄 동산'이란 표현이 나옵니다. '물이 넉넉하여 끊어지지 않는 동산'이란 의미입니다. 본래 유목민이었던 이스라엘 민족의 사막지대에서 살았습니다. 물이 귀했습니다. 그러므로 사람에게나 가축에게나 물이 곧 생명수였습니다.

처음 아담이 살았던 에덴동산이 물 댄 동산이었습니다. 그곳으로부터 동서남북으로 네 개의 강이 흘러나왔습니다. 사람도 동물과 식물도 살기 좋은 낙원(paradise)이었습니다.

밤거리에 환하게 불을 켜놓고는 '파라다이스'라는 간판을 걸고 영업하는 가게들도 있습니다. 사람들이 얼마나 낙원을 갈망하면 그렇게 가장 낙원 같지 않은 곳에 파라다이스라는 간판을 걸어 놓았을까요?

하나님이 우리 인간을 두신 에덴동산이 진정한 파라다이스였다는 사실을 과연 알고 있는지 궁금합니다. 참된 파라다이스는 주변의 광야에 물을 흘려보내서 다른 사람이 살 수 있게 해야 합니다. 나 혼자 모든 물을 다 차지하고 나 혼자 즐거운 곳은 파라다이스가 아닙니다.

부모들이 믿음으로 자녀들을 잘 키워내서 우리의 자녀들이 이 시대의 목마름을 해결하는 물 댄 동산이 되기를 축복합니다. 또한 그렇게 되기를 함께 기도합시다.

주님께서 너를 늘 인도하시고, 메마른 곳에서도 너의 영혼을 충족시켜 주시며 너의 뼈마디에 원기를 주실 것이다. 너는 마치 물 댄 동산처럼 되고, 물이 끊어지지 않는 샘처럼 될 것이다. 사58:11

◎ ◎ ◎

사람의 허물을 덮어주지 않고 지적질을 잘하는 사람이 지도자가 되면, 그 공동체는 머지않아 망하게 되어 있습니다. 지적질과 충고는 겉모습은 비슷해 보이지만 근본적으로 다릅니다. 지적은 남을 자기 기준으로 정죄하는 것입니다. 자꾸 잘못됐다는 이야기를 듣는다고 결코 잘못된 행동이 고쳐지지 않습니다.

반면에 충고는 보편성을 가진 기준으로 사람을 세워주는 일입니다. 자기 기준이 아닌 성경적인 기준으로 조언하되 충동적으로 말하지 않아야 합니다. 신중히 기도하면서 겸손한 표현으로 남을 세워주는 일이 충고입니다. 훌륭한 지도자는 지적이 아닌 충고로 다른 사람들을 세워 줍니다.

하나님이 세우시는 사람

갈릴리 어부 출신 베드로는 이스라엘 전통으로는 지도자가 될 수 없었습니다. 그가 오늘날의 신학대학이나 로스쿨 같은 곳을 졸업한 것도 아닙니다. 게다가 성격은 얼마나 급한지 모릅니다.

그런데도 그가 위대한 사도 베드로가 될 수 있었던 것은 예수님이 그러한 베드로를 불러서 카리스마의 권위를 갖는 제자로 세워주셨기 때문입니다. 그리고 "너는 베드로다. 나는 이 반석 위에다가 내 교회를 세우겠다마16:18"라고 선포까지 하셨습니다. 이때부터 그는 위대한 지도자가 된 것입니다.

"내가 너에게 하늘나라의 열쇠를 주겠다. 네가 무엇이든지 땅에서 매면 하늘에서도 매일 것이요. 땅에서 풀면 하늘에서도 풀릴 것이다마16:19"라고 약속도 해주셨습니다. 축복의 사람 아브라함이 받은 약속과 같은 약속이었습니다. 그 결과 베드로를 통해 많은 사람들이 예수님을 믿게 되었고, 하나님의 나라가 왕성하게 일어났습니다.

혹시 자신에게 전통적인 권위나 절차적인 권위가 없다고 낙망하고 있습니까? 이 땅의 권세가 없어도 하나님께는 전혀 문제가 되지 않습니다. 누구나 하나님의 마음에 합한 하나님의 사람이 되면 하나님의 권위를 받아 베드로처럼 다윗처럼 위대한 지도자가 될 수 있습니다.

> 그다음에 하나님께서는 사울을 물리치시고서 다윗을 그들의 왕으로 세우시고, 증언하여 말씀하시기를 "내가 이새의 아들 다윗을 찾아냈으니 그는 내 마음에 드는 사람이다. 그가 내 뜻을 다 행할 것이다" 하셨습니다. 행13:22

성경의 위대한 인물은 대부분 금수저가 아니라 흙수저를

물고 태어난 사람들입니다. 하나님은 가난하고 연약한 사람을 불러서 위대한 하나님의 사람으로 사용하였습니다. 약한 것이 곧 강한 능력이 되는 역설逆說(paradox)이 성경의 방법입니다.

> 너희는 성경에서 이런 말씀도 읽어보지 못하였느냐? '집을 짓는 사람이 버린 돌이 집 모퉁이의 머릿돌이 되었다. 이것은 주님께서 하신 일이요, 우리 눈에는 놀랍게 보인다.' 막 12:10-11

"꼭 자랑해야 한다고 하면 나는 내 약점들을 자랑하겠습니다고후11-30"라는 사도 바울의 자랑이 우리의 고백이 되었으면 좋겠습니다. 하늘의 권세를 입으면 우리의 약함이 강함으로 바뀌게 됩니다.

그러니 나는 잘하는 것보다 약한 점이 더 많다고 생각하는 사람도 걱정하지 마세요. 그 약한 곳이 주님의 영이 임하시는 곳이기 때문입니다. 주님은 자기가 강하다고 생각하기 때문에 주님을 찾지 않는 사람보다, 자신의 약한 곳 때문에 주님을 찾는 사람을 더 좋아하십니다.

> 형제자매 여러분, 여러분이 부르심을 받을 때에 그 처지가 어떠하였는지 생각하여 보십시오. 육신의 기준으로 보아서 지혜 있는 사람이 많지 않고, 권력 있는 사람이 많지 않고, 가문이 훌륭한 사람이 많지 않았습니다. 그런데 하나

님께서는 지혜 있는 사람들을 부끄럽게 하시려고 세상의 어리석은 것들을 택하셨으며, 강한 것들을 부끄럽게 하시려고 세상의 약한 것들을 택하셨습니다. 하나님께서는 세상에서 비천한 것들과 멸시받는 것들을 택하셨으니 곧 잘났다고 하는 것들을 없애시려고 아무것도 아닌 것들을 책하셨습니다. 이리하여 아무도 하나님 앞에서는 자랑하지 못 하게 하시려는 것입니다. 고전1:26-29

자랑할 만한 사람이 지도자가 되어 업적을 남겨도 하나님께 영광이 되지 않습니다. 그러나 자랑할 게 없는 사람이 지도자가 되어 쓰임 받으면 하나님께 영광이 됩니다. 하나님이 세우시는 사람이 진정한 지도입니다. '하나님 마음에 드는가'가 중요합니다.

✲ 돌아보기 ✲

⊙ **신본주의를 한자로 쓰고 그 의미를 적어 봅시다.**

神	本	主	義

____

____

⊙ **앞의 내용을 기억하며 괄호들을 채워 보세요.**

1. 막스 베버는 최고의 공동체를 만든 지도자의 권위를 자세히 살펴보고, 연구한 결과 최고의 지도자는 하나님으로부터 특별히 부여받은 재능인 (   )가 있다는 것을 알게 되었습니다.

2. 주님께서 너를 늘 인도하시고, 메마른 곳에서도 너의 영혼을 충족시켜 주시며 너의 뼈마디에 원기를 주실 것이다. 너는 마치 (   )처럼 되고, 물이 끊어지지 않는 샘처럼 될 것이다. 사58:11

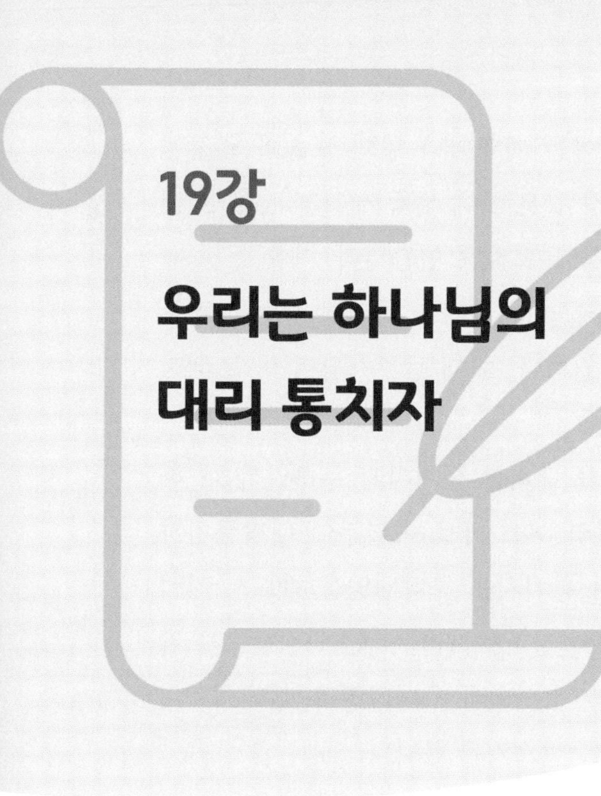

19강

우리는 하나님의 대리 통치자

우리는 하나님의 형상

아브라함은 믿음의 조상이기도 하지만 축복의 조상으로도 알려져 있습니다. 사람은 처음부터 하나님 앞에 복된 존재로 부름을 받았습니다. "복 주시며 가라사대 생육하고 번성하여 땅에 충만하라창1:28" 이 복은 바로 하나님의 대리통치자가 되는 복이었습니다. 영이신 하나님은 직접 통치하실 수 있지만 대부분 모세나 다윗, 히스기야 같은 하나님의 사람을 대리통치자로 세웠습니다.

하나님의 형상이라는 본래 의미가 하나님을 대리하여 통

치한다는 것입니다. 옛날에는 지역마다 왕의 모습과 똑같이 만들어진 동상을 시청 광장 같은 곳에 우뚝 세워놓고, 왕을 대리해서 시장에게 그 지역을 통치하게 했습니다. 예를 들면 왕은 수도 서울에서 온 나라를 다스리기도 하지만 광주는 광주 시장을 세워 다스리는 것입니다. 이때 광주시장이 바로 대리 통치자입니다.

그렇다면 지금 하나님을 대리할 통치자가 누구일까요? 하나님의 형상을 닮은 당신입니다. 바로 여러분이 대리통치자입니다. 물론 우리의 진짜 통치자는 하나님임을 반드시 기억해야 합니다. 그런데 이 사실을 잊어버린 사람들이 함부로 자신이 왕인 것처럼 통치하다가 사회를 무너뜨리고, 생태계까지 훼손시키는 등 많은 문제를 일으키곤 합니다.

환경을 생각하는 대리 통치자

제가 어렸을 때는 고향의 속초 바다가 정말 깨끗했습니다. 그런데 지금은 바닷속 깊은 곳까지 인간이 버린 온갖 쓰레기로 오염돼 있습니다. 물고기 배 속에는 미세플라스틱이 가득 차 있는 상태라고 하니 환경문제가 얼마나 심각한지 모르겠습니다. 결국에는 그러한 물고기를 먹는 인간의 몸속에 모두 축적되는 것입니다. 현재 일 년에 한사람이 흡입하는 미세플라스틱의 양이 약 5g, 신용카드 한 장 정도의 양이라는 환경

단체의 소리를 귀담아들을 필요가 있습니다. 늦었지만 지금부터라도 플라스틱, 비닐 등의 사용을 줄이고, 재활용 쓰레기를 분리 배출하는 데에도 정성을 들여야 합니다.

바다뿐만 아니라 공중의 새가 살아가는 하늘도 신경을 써야 합니다. 옛날에는 미세먼지, 초미세먼지 같은 말을 모르고 살아도 아무런 문제가 없었습니다. 그러나 오늘날 우리는 지나친 탄소배출로 인한 기후 온난화를 초래하는 심각한 위기 상황을 마주했습니다. 이 위기를 극복하기 위해 늦었지만 전 세계가 탄소중립 운동을 펼쳐나가고 있습니다.

여러분, 라면 다 좋아하지요? 어떤 사람은 라면을 20세기 최고의 발명품이라고 합니다. 저도 어렸을 때 라면을 실컷 한번 먹어보는 것이 소원인 적이 있었습니다. 그렇게 귀했던 라면이 오늘날 남녀노소에게 사랑받는 음식이 되었습니다. 요즘에는 아무리 가난한 사람이라도 라면으로 한 끼 식사를 해결할 수 있게 되었습니다. 최소한 우리나라에서는 굶어 죽는 사람이 없어진 것 같습니다.

반대로 20세기 최악의 발명품은 무엇일까요? 핵무기일까요? 정말 무섭습니다. 그런데 학자들이 뽑은 최악의 발명품은 의외로 수세식 변기입니다. 현대인들이 살아가는 데 정말 편리하고 위생적이라고 생각되는 수세식 변기를 사용하기 시작하면서부터 물이 부족해지기 시작했다고 합니다.

조금 불편하게 살면 되는데, 이제는 그 불편을 견디지 못합니다. 편리하게 살면 정말 삶이 편안한 것일까요? 제 생각에는 남을 위해 조금 불편하게 사는 사람이 많아질수록 서로 편

안해질 수 있습니다.

공산주의를 시작한 마르크스는 세계적인 천재였습니다. 그런데 그가 자기 시대에서 가진 자와 못 가진 자에 대해서만 생각하고 미처 생각하지 못한 것이 있습니다. 그것은 미래입니다.

마르크스는 자기가 당대의 문제를 완전하게 해결했다고 생각했을지 모르지만, 그의 사후에 공산주의 국가들은 경제적으로 정치적으로 붕괴했습니다. 마르크스는 다음 세대의 문제는 전혀 해결하지 못한 것입니다. 공산주의는 역사를 통해 이미 실패한 것으로 판명되었습니다.

사람이 살아가는 데 필요한 물이 하루에 10L라고 치면, 한 사람이 하루에 20L나 30L까지 마음대로 사용해버린다면 미래 세대를 생각하지 않고 살아가는 것입니다. 지금 풍족하니 마음껏 써도 된다고 생각하는 거지요.

그렇지만 미래 세대가 사용할 것을 마음대로 써버리는 것은 미래 세대의 것을 도둑질한 것입니다. 도둑질은 큰 죄악입니다. 현재 가진 자와 못 가진 자가 모두 함께 잘 사는 것도 중요하지만 더 나아가 다음 세대도 함께 잘 살아가야 합니다.

세상의 복과 성경의 복

성경의 복은 세상의 복 happiness가 아니라 blessing입니다. 세상의 복은 happen(우연히 발생하다)에서 유래하였기 때문에 우연히 왔다가 홀연히 사라져버립니다. 하지만 하나님의 복은 blood(예수님의 피의 언약)에서 유래하였기 때문에 예수님과 성경을 믿고 사랑하는 사람에게 값없이 선물로 주어지며 또한 영원합니다.

하나님이 주신 최고의 복은 우리가 하나님을 닮은 대리통치자가 되어 섬김으로써 다스리는 것입니다. 그리고 하나님은 우리에게 또 다른 복도 주셨는데 그것은 안식일이라는 시간의 복과 에덴동산이라는 공간의 복입니다.

그런데 인간이 죄를 범하면서 이러한 복을 모두 잃어버리고 실낙원을 살아가게 된 것입니다. 그 결과로 저주! 저주! 저주! 저주! 저주! 저주! 이 저주라는 단어가 복의 근원인 아브라함이 등장하기 전까지 성경에 6번이나 나옵니다.

홍수 심판, 바벨에서 언어 혼란의 저주, 이러한 저주가 가득했을 때 하나님이 아브라함이라는 한 사람을 부르시고, "너는 복의 근원이 될지라, 온 세상의 죄를 청소하고 복락원을 살아라"라고 했습니다. 회복回復! 이제는 예수님을 통해 다시 회복할 것을 약속해주셨습니다.

신약에 따르면 이제는 주일뿐만 아니라 모든 날이 다 복된 날입니다. 시간이 회복된 것입니다. 그리고 예수님은 교회를 통해서 에덴동산을 회복시켜 주었습니다. 에덴동산에서 4개의 강이 흘러나왔는데 지금은 교회가 생수의 강, 보혈의 강, 사랑의 강, 축복의 강을 흘려보내고 있습니다.

교회 건물에서 강이 흘러나온다는 말이 아닙니다. 주님은 건물이 아닌 사람 자체가 성전이라고 했습니다. 주님과 내가 있는 그곳이 가정이든 직장이든 바로 성전입니다. 모든 저주가 믿음의 한 사람을 통해서 축복으로 바뀌는 것입니다. 바로 당신을 통하여 세상의 저주가 끝나고 복을 받습니다.

◎ ◎ ◎

신화에 등장하는 대부분의 신들은 사람을 노예처럼 여기고 많은 일을 시키면서도 먹거리도 공급해주지 않습니다. 하지만 창세기를 통해 모세가 이스라엘 백성들에게 가르쳐준 하나님은 달랐습니다. 그 하나님은 사람이 살아가는데 필요한 모든 것을 제공해주는 참 신, 좋은 하나님이셨습니다.창 1:29

하나님이 얼마나 좋은 '아빠 아버지'인지 모릅니다. 예수님은 "인자는 섬김을 받으러 온 것이 아니라 섬기러 왔으며, 많은 사람을 구원하기 위하여 치를 몸값으로 자기 목숨을 내주러 왔다막10:45"라고 말씀하셨습니다.

앞서 강조하였듯이, 우리는 하나님의 형상, 즉 하나님의 대리 통치자임을 절대 잊어서는 안 될 것입니다. 그러므로 우리는 하나님이 참 통치자이심을 마음에 새기고, 예수님처럼 마땅히 세상을 섬기며 다스려야 합니다. 나아가 자연을 잘 다스릴 수 있도록 생태계를 회복하는 환경운동에도 적극적으로 참여해야 할 책임이 있습니다.

✻ 돌아보기 ✻

⊙ 내가 하나님의 대리 통치자로서 어떻게 하면 세상을 섬기며 다스릴 수 있는지에 대해 옆 사람과 구체적으로 대화를 나눠 보세요.

⊙ 하나님은 나를 하나님의 형상으로 지으셨습니다. 하나님을 닮은 내 얼굴을 그려 보세요.

라

성경 인물 열전

1편

아브라함 : 버리고 떠나는 삶

아브라함에게 약속하신 나라

아브라함의 고향은 메소포타미아 지역의 우르입니다. 고향을 떠나라는 하나님의 명령에 따라 아브라함은 하란을 거쳐 약속의 땅 가나안으로 이주했습니다. 그런데 가뭄이 닥치자 하나님께 묻지도 않고 가족들을 모두 이끌고 이집트로 건너갑니다. 그랬다가 아내를 잃을 뻔하는 큰 문제에 처합니다.

하나님은 아브라함의 어리숙함에도 불구하고 그 문제를 해결해 주셨습니다. 그리고 아브라함 일행은 이집트 땅에서 나와 다시 가나안 땅으로 돌아옵니다.

결과적으로 아브라함은 세계적으로 문명이 발달한 메소포타미아와 이집트를 직접 보고 배울 수 있었습니다. 이러한 아브라함에게 하나님은 그런 나라보다 더 큰 나라와 더 많은 백성을 약속해주었습니다. 막연하게 큰 나라가 아니라 메소포타미아나 이집트와 비교해서 생각할 수 있도록 구체적으로 약속을 해주신 것입니다. 하나님이 약속하신 그 큰 나라란 어떤 나라일까요?

아브라함은 유목민이었습니다. 우리로 치면 시골 사람이지요. 그렇다고 해서 그가 세상 물정을 모르는 촌부는 아니었습니다. 그는 당시 세계 최고의 문명 세계들을 경험했습니다. 그런데 하나님은 그에게 그것들보다 더 큰 나라를 이루리라고 약속하신 것입니다.

단순히 크기만 더 큰 나라를 말씀하신 것이 아닙니다. 그 나라들과 똑같이 백성들을 억누르고 이웃 나라들과 전쟁을 일삼아 영토를 빼앗는 등 하나님을 따르지 않으면서 크기만 크다면 그 나라가 무슨 소용이 있을까요?

하나님이 말씀하신 더 큰 나라는 무엇보다 질적으로 위대한 나라입니다. 예수님을 왕으로 모신 나라, 예수님을 따르는 백성들이 사는 나라, 하나님의 사랑이 넘치고 하나님의 정의가 구현되는 나라, 그런 나라를 말씀하신 것입니다.

오늘 우리에게도 하나님은 똑같은 약속을 해주고 있습니다. 너희가 하나님 말씀을 지켜 행하면 사람들이 너희를 보고 큰 나라 큰 백성임을 알게 하겠다고 하십니다. 우리가 신명기 6장의 말씀대로 부모가 자녀에게 하나님의 말씀을 가르쳐야

하는 이유는 그들이 하나님의 말씀을 배워서 말씀대로 사는 일이 가장 중요하기 때문입니다.

처음 시작은 미약한 것처럼 보일 수 있습니다. 그렇지만 장래에 이 자녀들이 장성하고 결혼하여 또다시 자신들의 자녀들을 직접 가르치고 양육하는 일이 계속된다면 세대가 내려갈수록 하나님의 계획이 창대하게 펼쳐질 것입니다.

> 당신들은 이 규례와 법도를 지키십시오. 그러면 여러 민족이 당신들이 지혜롭고 슬기롭다는 것을 알게 될 것입니다. 그들이 이 모든 규례에 관해서 듣고, 이스라엘은 정말 위대한 백성이요 지혜롭고 슬기로운 민족이라고 말할 것입니다. 주 우리의 하나님은 우리가 기도할 때마다 우리 가까이에 계시는 분이십니다. 이와 같은 하나님을 모신 위대한 민족이 어디에 또 있겠습니까? 신4:6-7

> 주님의 영이 그에게 내려오신다. 지혜와 총명의 영, 모략과 권능의 영, 지식과 주님을 경외하게 하는 영이 그에게 내려오시니 사11:2

아브라함처럼 우리도 유목민

기독교는 유목민으로부터 시작했습니다. 노마드nomad라고도 하는 유목민은 한 곳에 정착하여 사는 농경민과는 다르게 가축을 이끌고 여기 저기 돌아다니며 삽니다.

보통, 비가 내리지 않는 건기에 접어들면 하류부터 물이 마르기 시작하므로 유목민은 가축을 이끌고 상류 쪽으로 이동합니다. 거기서 풀을 먹이다가 풀이 떨어지면 풀이 풍성한 다른 곳으로 다시 이동하는 것이죠. 그렇게 시절을 따라 가축들을 이끌고 풀과 물을 찾아 방랑하는 것이 노마드 삶의 특징입니다.

이 시대의 그리스도인도 어떤 면에서는 노마드입니다. 세상에 정착하지 않고 끊임없이 하나님이 가리키는 방향을 따라 자신의 삶의 모습을 바꿔가며 살아가기 때문입니다.

하나님은 우리에게 진리와 능력의 전달자, 복음과 십자가의 전달자가 되라고 하셨습니다. 그리고 땅 끝까지 부활의 증인이 되라고 하셨습니다. 우리는 하나님 보내시는 곳에서 생명의 양식을 나눠 주는 삶을 사는 영적인 노마드입니다.

특별히 그리스도인은 자신이 처한 환경에 정착해서 안주하지 말고, 약속의 말씀을 붙잡고 낮은 곳으로 내려가야 합니다. 예수님은 하늘에 정착하시지 않고 우리를 구원하시려고 낮은 곳으로 내려오셨습니다. 또한 복음을 전하시기 위해서 가족을 떠나 이스라엘과 이방 땅을 두루 찾아다니셨습니다. 그렇게 예수님은 우리에게 복음의 노마드의 모델이 되어 주셨습니다. 우리도 예수님처럼 하늘의 신령한 것을 사모하되 낮은 곳으로 가야 합니다. 신앙은 저 높은 곳을 향하여! 생활은 저 낮은 곳을 향하여!

아브라함 이후 성경의 유명한 인물들은 자의든 타의든 노마드의 삶을 살았습니다. 야곱이 그러했고, 이삭이 그러했고, 요셉이 그러했으며, 출애굽한 이스라엘 백성이 그러했습니다. 다윗, 느헤미야, 베드로, 바울도 마찬가지였습니다. 그들은 하나님이 원하시는 곳으로 이동했습니다. 낮은 곳으로, 더 낮은 곳으로 가서 예수님의 생명과 진리, 능력을 전하는 일을 마다하지 않았습니다. 쉬운 일은 아니었습니다. 그러나 그런 여정을 통해 그들은 하나님이 약속하신 복을 체험했습니다.

우리도 복음을 전하는 노마드가 되었으면 합니다. 정착한 농경민처럼 현실에 안주해버린 사람들을 우리가 찾아가야 합니다. 그들에게 예수님의 사랑을 전하여, 그들이 예수님의 사랑을 깨닫게 되면, 그들도 그들의 삶에서 깨치고 나와 노마드가 되어 또 다른 누군가에게 이 복된 소식을 전할 것입니다. 축복의 선순환이 일어나는 것입니다.

무엇을 버리고 떠나시겠습니까

이스라엘은 메소포타미아 문명과 이집트 문명 사이에 끼어있는 작은 나라입니다. 중국, 러시아라는 대륙 세력과 미국, 일본이라는 해양 세력 사이에 끼어 있는 작은 반도인 우리나라와 비슷한 면이 있습니다.

그런데 이스라엘은 그 어느 문명에도 기대지 않았습니다.

좌로나 우로나 치우치지 않고 위에 계신 하나님을 바라봤습니다. 그것은 이스라엘 민족의 조상인 아브라함으로부터 시작된 일입니다.

우르와 하란은 메소포타미아 문명의 최고 도시였습니다. 우리나라로 치면 서울이고, 전 세계로 치자면 뉴욕과 같은 도시였습니다. 그러나 아브라함은 그런 최고의 도시를 버리고 떠났습니다. 지연과 학연을 내팽개친 것입니다.

그는 자신의 방법을 의지하지 않고 하나님의 이끄심대로 나아갔습니다. 자신의 나라가 아닌 하나님의 나라를 이루기 위해서였습니다. 그렇게 떠나면서 아브라함은 고향 땅에서 자행되던 악을 버렸습니다. 알게 모르게 그들에게 배웠을지도 모르는 나쁜 습관도 버렸습니다.

고향 땅에 살고 있던 아브라함은 자기 아버지의 가문과도 헤어졌습니다. 혈연까지도 버린 것입니다. 당시 고향을 떠나 타향살이를 한다는 것은 매우 어려운 일이었습니다. 억울한 일을 당한다고 경찰이 출동해서 정의를 구현해주고 그런 시대가 아니었기 때문입니다. 나쁜 일을 당하지 않으려면 가족과 친척들이 모여 살면서 서로를 지켜주는 일이 필수적인 시대였습니다.

또한 고향 땅을 떠나면 집도 없고 밭도 없습니다. 요즘처럼 어디에 가서 마음대로 직장을 구할 수 있는 시대도 아니었지요. 고향 땅을 떠나면 당장 생계에 큰 문제가 생기는 것입니다.

그런데도 아브라함은 하나님의 말씀에 순종해서 자기 고

향 땅을 버리고 떠났습니다. 그 결과 그는 하나님에게서 약속의 땅을 받을 수 있었습니다. 지연을 버렸을 때 오히려 가장 좋은 땅을 받은 것입니다. 그는 원래 한 명의 (고)바벨론 사람에 불과했습니다. 그러나 하나님께 순종하여 혈연을 떠났더니 하나님은 그가 이스라엘이라는 한 민족의 조상이 되게 하셨습니다.

대개 사람들은 혈연과 지연을 중요하게 여깁니다. 그러나 하나님은 그보다 더 좋은 것을 그에게 선물로 주셨습니다. 아브라함의 삶을 한마디로 요약하면 '버리고 떠나기'라고 정의할 수 있습니다. 버릴 때 위로부터 새롭고 좋은 것으로 채움을 받을 수 있습니다.

가나안에서 아브라함이 조카 롯과 함께 유목민 생활을 했습니다. 그런데 어느 시점이 되니, 아브라함도 롯도 가축의 수가 많아져서 그 목자끼리 영역 다툼을 하는 거예요. 그래서 아브라함이 조카인 롯에게, "네가 먼저 좋은 땅을 골라라. 그러면 나는 반대편으로 가겠다" 하면서 자기의 권리를 버렸습니다.

아브라함이 그렇게 말하니 조카 롯이 자기가 보기에 좋아 보이는 쪽을 먼저 선택해서 떠났습니다. 아브라함으로서는 무언가 씁쓸했을 수도 있는 순간이었습니다. 그런데 그 사건 이후에 하나님께서 아브라함에게 나타나셔서 이렇게 말씀하셨습니다.

> 너는 눈을 들어 너 있는 곳에서 북쪽과 남쪽 그리고 동쪽

과 서쪽을 바라보라 보이는 땅을 내가 너와 네 자손에게 주리라 내가 네 자손을 티끌 같게 하리니 사람이 땅의 티끌을 능히 셀 수 있을진대 네 자손도 세리라 창13:14-16

아브라함은 땅을 선택할 수 있는 기회를 양보했습니다. 그랬더니 하나님은 더 많은 땅과 더 많은 자손을 그에게 주신 것입니다. 버림은 이웃에게 베푸는 일입니다. 잠깐 손해 보는 것 같아도 결코 헛되지 않습니다. 그런 버림은 오히려 축복의 마중물이 됩니다.

여러분은 무엇을 버리시겠습니까? 어디로부터 떠나시겠습니까? 우리도 아브라함처럼 삽시다.

바츨라프 홀라의 판화 「아브라함과 롯의 이별」

2편

이삭 :
순종과 양보의 삶

아버지에게 순종한 이삭

이삭Isaac하면 여러 가지가 생각나는데 그가 아버지 아브라함의 기도로 태어난 것, 모리아 산에서 번제로 바쳐질 뻔한 일, 아내 리브가를 맞이한 일(결혼), 그리고 그의 우물들이 생각납니다. 그중 두어 가지만 이야기를 해보려 합니다.

아브라함이 100세에 얻은 아들 이삭을 하나님은 바치라고 합니다. 아브라함은 하나님께 순종하기로 결심하고는 이삭을 데리고 모리아산으로 갑니다. 아무런 영문도 모르고 따라나선 이삭이 길을 가다 아버지에게 묻습니다.

"불과 장작은 여기에 있는데 번제로 바칠 어린양은 어디에 있습니까?" 창22:7

이에 아브라함은 "하나님이 손수 마련하여 주실 것이다" 라고 답했습니다. 그런 다음에 아브라함은 제 자식 이삭을 묶어서 제단 장작 위에 올려놓았습니다.

이때 이삭의 나이가 몇 살이나 되었을까요? 어떤 성경학자는 이삭이 어리고 어리숙해서 아무런 저항도 하지 못했다고 합니다. 그런데 『탈무드』에는 이삭의 나이가 25세로 나와 있습니다. 혹은 35세라고도 합니다.

중요한 것은 이삭이 온유하고 겸손한 사람이었다는 점입니다. 25세의 청년 이삭이 125세의 아버지 아브라함에게 순종하지 않았다면 결코 제단 장작 위에 제물로 묶일 수 없었을 것입니다.

그 아이에게 손을 대지 말아라! 그 아이에게 아무 일도 하지 말아라! 네가 너의 아들, 너의 외아들까지도 나에게 아끼지 아니하니, 네가 하나님 두려워하는 줄을 내가 이제 알았다. 창20:12

이삭은 제단의 장작 위에 제물로 결박된 상태에서 아브라함과 함께 이 말을 들었습니다. 하나님께서 아브라함의 믿음과 이삭의 순종을 알아주시는 순간이었습니다. 이때부터 이삭은 하나님 앞에 순종의 사람이 되었습니다. 하나님은 이삭

대신 제물로 바쳐질 숫양 한 마리를 보내 주셨습니다. 아브라함은 '여호와께서 예비하신다'는 뜻으로 '여호와 이레'를 불렀습니다.

예수님과 이삭

이 이야기는 겟세마네 동산에서 '내 뜻대로 마시고 아버지의 뜻대로 하소서'라고 기도한 예수님의 십자가 사건과 연결되고 있습니다. 예수님도 이삭도 자기 목숨까지 내놓으며 아버지의 뜻에 순종했기 때문입니다. 이삭은 예수님을 닮은 사람이었습니다.

이 '여호와 이레'의 사건을 통해 비로소 아브라함은 믿음의 정점에 올라서고, 이삭은 이 사건을 믿음의 첫 단추로 삼았습니다. 어떤 경우에도 하나님께서 준비해 주신다는 것을 믿게 된 이삭은 매사에 욕심부리지 않고 늘 양보하며 살았습니다. 이삭이 자기가 판 우물까지도 다른 사람에게 양보할 수 있었던 것은 자신의 다음 길을 예비하시는 여호와 이레의 하나님을 믿었기 때문입니다.

모리아 산에서 예비된 숫양은 이삭 대신에 제물로 바쳐졌습니다. 그렇기에 그 숫양은 우리를 대신해서 죽으신 예수 그리스도의 예표입니다. '주님의 산에서 준비될 것이다'라는 여호와 이레는 결국 예수님과 연결되는 것입니다. 숫양으로 이삭을 살리신 하나님은 예수님으로 우리를 살리셨습니다.

믿음의 선배들을 기억하자

여러분 솔로몬 성전이 어디에 세워진 줄 아시나요? 이삭이 아브라함과 함께 하나님께 순종했던 바로 그 모리아 산에 세워졌습니다. 그곳은 나중에 다윗이 자신의 죄 때문에 생긴 전염병을 멈추게 하려고 제단을 쌓은 곳이기도 했습니다. 그리고 그곳이 바로 예루살렘입니다.

> 솔로몬이 예루살렘 모리아 산에 여호와의 전 건축하기를 시작하니 그 곳은 전에 여호와께서 그의 아버지 다윗에게 나타나신 곳이요 여부스 사람 오르난의 타작 마당에 다윗이 정한 곳이라 대하3:1

솔로몬 성전 건축은 아무런 역사적 기초 없이 갑자기 나타난 사건이 아니었습니다. 솔로몬 한 사람이 훌륭해서 되어진 일이 아니라는 뜻이지요. 죽음을 각오하면서까지 순종했던 이삭이라는 사람이 먼저 있었기에 나중에 솔로몬이란 사람이 성전을 지을 수 있었습니다.

여러분이 어디 교회를 다니든 그 교회가 갑자기 생겨난 것이 아닙니다. 그 교회를 세우기까지 헌신한 분들이 계셨고, 그 이전에는 언더우드, 아펜젤러, 유진 벨과 같이 선교사로 이 땅에 오셔서 자기 인생을 바쳐 복음을 전해 준 분들이 계셨습니다. 우리는 그런 역사를 잊지 말아야 합니다.

또한 개신교 선교사들이 들어오기 이전에도 헌신한 믿음의 선진들이 있었습니다. 과거 천주교회는 예수님의 피 값으로 우리나라에 교회를 세웠습니다. 1791년 신해박해의 원인이 된 진산사건으로 최초로 순교한 윤지충, 권상연 두 분을 기념하여 전주 대둔산 자락에 세워진 진산성지 성당이 있습니다.

서울의 명동성당은 다산 정약용 같은 남인들이 역관(통역사) 김범우의 집에서 모여 예배하던 곳이었습니다. 남인을 대적하던 노론이 이곳을 급습하여 모두 잡아들였는데 사대부는 형벌을 가하지 않고 예의로 다스리고, 평민들을 엄하게 형벌로 다스렸습니다. 일벌백계로 예배 장소를 제공한 김범우가 순교했습니다. 그의 집은 지금의 명동성당이 되었습니다. 순교자의 피가 흐르는 곳에 생명의 말씀이 솟아나는 교회가 세워진 것입니다. 신자들이 공개처형을 당할 때 담대하게 순교했는데, 그 모습을 통해 오히려 가장 많은 전도의 역사가 일어

유진 벨(1868~1925)은 광주 전남 지역에 수많은 교회들을 설립하였으며, 광주 최초의 병원인 제중병원(현 광주기독병원)과 수피아여학교 등의 설립에 관여하였다.
전남 지역 선교의 아버지로 불린다.

나기도 했습니다.

이처럼 우리나라의 교회와 나의 믿음이 어디서 갑자기 생겨난 것이 아닙니다. 역사적으로 우리 이전에 하나님께 순종한 사람이 있었고 피 흘려 죽은 사람들도 있었습니다. 그들의 터 위에 우리의 공동체가 세워지고, 그들의 믿음 덕에 우리 믿음도 있는 것입니다. 그런 의미에서 우리는 많은 믿음의 선배들에게 빚을 지고 있습니다. 이삭도 그런 믿음의 선배 중의 한 사람입니다.

바보 같은 이삭

아브라함이 살던 때에 가나안 땅에 흉년이 든 적이 있었는데 이삭 때에도 똑같은 흉년이 들었습니다. 아빠인 아브라함이 이집트로 내려간 적이 있어서 그랬는지, 이삭도 이집트로 내려가는 것을 생각했던 것 같습니다.

그런데 이집트로 내려가는 도중에 하나님이 먼저 찾아오셔서 "머물라!"고 지시하셨습니다. 이삭은 하나님의 말을 듣고 이집트로 가지 않았습니다. 당시 이삭은 블레셋 왕 아비멜렉이 있는 그랄에 있었는데 거기 그대로 머물게 됩니다. 모리아 산에서 순종했던 모습을 보여준 이삭은 이번에도 곧바로 순종한 것입니다.

원래 이삭의 본업은 목축업이었고 농사짓는 일에는 왕초

보였습니다. 그런데 하나님이 머물라고 한 그 그랄 땅에서 농사를 지어 그 해에 백 배의 수확을 거두어들였습니다. 하나님께서 이삭에게 복을 주셨기 때문입니다.창26:12

그 결과 이삭은 부자가 되었는데 재산이 점점 늘어서 아주 부유하게 되었습니다. 하나님이 하라는 일에 순종하면 이삭처럼 백 배의 축복을 받는다는 것을 꼭 기억하기를 바랍니다.

> 내가 진정으로 너희에게 말한다. 나를 위하여, 또 복음을 위하여 집이나 형제나 자매나 어머니나 아버지나 자녀나 논밭을 버린 사람은 지금 이 세상에서는 박해도 받겠지만, 집과 형제와 자매와 어머니와 자녀와 논밭을 백 배나 받을 것이고, 오는 세상에서는 영원한 생명을 받을 것이다. 막10:29-30

그랄에서 이삭은 아비멜렉과 우물 때문에 갈등을 겪었습니다. 온유한 이삭은 양보하고 또 양보했습니다. 성경은 “할 수 있거든 모든 자와 화평하라히12:14”고 합니다. 그러므로 성경의 대원칙은 화평입니다.

그런데 만약에 악한 사람이 싸움을 걸어올 때는 “악에게 지지 말고, 선으로 악을 이기라롬12:21”고 합니다. 이삭이 택한 선한 방법은 양보였습니다. 그래서 자기 우물을 양보하고 새로 우물을 팠습니다.

아비멜렉은 이삭의 우물을 뺏고 뺏었지만 이삭을 이길 수 없었습니다. 하나님께서 이삭이 파는 우물마다 물이 솟아나게 하셨기 때문입니다. 결국 아비멜렉은 이삭을 축복하고 보내 주었습니다. 다시는 건드리지 않았습니다. 만약에 이삭이 우물을 양보하지 않고 아비벨렉과 싸웠으면 어떻게 되었을까요?

이삭은 지혜와 능력이 뛰어나고, 온유하고 화평한 사람이었습니다. 그런데 세상적으로 본다면 이런 사람이 바보 같게 보일 수 있습니다. 톨스토이의 단편소설 『바보 이반의 이야기』가 있습니다. 주인공 바보 이반은 신기한 인물입니다. 바보라서 마귀를 물리치고, 나중에 왕까지 되기 때문입니다.

어쩌면 바보라는 말은 가장 높임말인지도 모릅니다. 우리 예수님이 마치 바보처럼 살았으니까요. 바보 예수! 바보 이삭! 이 글을 읽고 있는 사람도 바보 △△! 바보처럼 보이지만 모두 멋진 사람들입니다.

성경에는 이삭처럼 바보 같은 사람들의 역사 이야기가 곳곳에 기록되어 있습니다. 우리 모두 하나님께 순종하는 모습으로 선하게 살아서 역사 속에 빛나는 모습으로 기억되는 사람이 되기를 바랍니다.

> 그러자 룻이 대답하였다. '나더러 어머님 곁을 떠나라거나 어머님을 뒤따르지 말고 돌아가라고는 강요하지 마십시오. 어머님이 가시는 곳에 나도 가고, 어머님이 머무르시는 곳에 나도 머무르겠습니다. 어머님의 겨레가 내 겨레이고, 어머님의 하나님이 내 하나님입니다.' 룻1:16

3편

야곱 : 벧엘에서 브니엘까지

장자권을 얻은 야곱

야곱Jacob의 인생을 보면, 출생 장면에서부터 죽음을 앞두고 자식들을 모아놓고 유언하는 장면까지, 모든 순간이 드라마 같은 일의 연속입니다.

심지어 그 드라마는 야곱의 죽음 이후에도 계속됩니다. 야곱의 아들 요셉이 야곱의 유언을 따라서 야곱의 유해를 가나안 땅, 마므레 앞 막벨라 밭에 있는 굴에 장사지내는 장면창 50:13을 보면, 마치 영화의 에필로그를 보는 듯합니다. 그곳은 바로 아브라함과 사라, 이삭과 리브가, 그리고 요셉의 어머니

인 라헬이 묻혔던 곳이었지요.

성경의 여러 인물의 이야기가 영화로 제작되었는데 어찌 된 일인지 야곱을 주인공으로 제작한 영화는 거의 없는 것 같습니다.

여담입니다만, 로빈 윌리엄스가 주연으로 나온 「제이콥의 거짓말」이라는 프랑스 코미디 영화가 있습니다. 2차 세계대전을 배경으로 독일 나치가 점령한 폴란드의 유대인 게토 ghetto 지역에서 일어난 일을 코미디로 만들었는데, 재미도 있지만 희망이라는 단어가 얼마나 소중한지를 다시 한 번 생각하게 하는 영화입니다.

야곱과 연관된 단어들이 많습니다. 쌍둥이, 팥죽, 장자권, 돌 베게, 벧엘, 씨름, 이스라엘Israel, 네 명의 부인과 열두 아들 등등……. 그중에서도 야곱의 인생을 파란만장한 드라마로 만든 계기가 된 '장자권'을 생각해보지 않을 수 없지요.

야곱하면 '사기꾼'이라는 단어도 연상됩니다. 아버지 이삭과 형 에서를 속이고 장자권을 얻어냈다고 여기기 때문입니다.

그런데 야곱이 정말 사기꾼이었을까요? 엄격한 의미에서, 에서에게는 사기를 친 것이 아닙니다. 팥죽을 주고 장자권과 바꾼 것입니다. 본질적인 문제는 명분과 실제를 나눠서 생각했던 에서에게 있습니다. 에서는 동생인 야곱에게 장자권이라는 명분만 파는 것이라고 생각을 했고, 실제로는 여전히 자신이 장자라고 잘못 생각한 것입니다.

하나님은 말씀으로 세상을 창조하셨습니다. 히브리어 다

바르דָבָר는 말씀이라는 뜻과 사건이라는 뜻을 함께 가지고 있습니다. '언어가 사건'입니다. 하나님의 세계는 말씀대로 되는 세계입니다. 하나님의 관점에서 보면, 에서는 장자권의 명분과 실제를 모두 판 것입니다.

야곱은 처음부터 명분과 실제를 다 사모했습니다. 결국 두 가지 모두 야곱이 가져왔습니다. 하나님은 리브가가 임신했을 때, "형이 동생을 섬길 것창25:23"이라고 말씀하셨습니다. 명분이 야곱에게 있었던 것이죠. 결국 하나님이 말씀하셨던 대로 그렇게 되었습니다.

벧엘에서 시작된 야곱의 인생

야곱은 태어나기 전부터 어머니 리브가의 뱃속에서부터 쌍둥이 형 에서와 싸웠습니다. 팥죽 한 그릇으로 에서에게 장자권을 사고, 아버지를 속이고 장자의 축복을 받았습니다.

그 사실을 알게 된 에서가 야곱을 죽이겠다고 하고, 야곱은 에서를 피해 밧단아람으로 도주합니다. 도주 길에 밤이 되어 돌베개를 베고 자는데 하는데 꿈에 천사가 계단을 오르락내리락하는 것을 보았습니다. 야곱은 그곳을 '벧엘'이라 불렀습니다. '벧'은 집이고 '엘'은 하나님입니다. 그러니까 벧엘은 하나님의 집이란 의미지요.

야곱의 인생은 거기서 시작합니다. 잠시 돌베개를 베고 노숙露宿했던 곳, 강도의 위험이나 짐승의 위험에 노출되어 있어

두려움으로 떨어야 했던 곳……. 그런데 그곳이 벧엘이 되었습니다. 자기 아버지 이삭의 집을 떠나야 했지만 그보다 더 좋은 하나님의 집을 만나게 된 것입니다.

야곱은 자신이 어디에 있든지 하나님이 함께 하심을 알게 되었습니다. 하나님의 집이 진정한 안식과 축복의 집이라는 사실을 깨달았습니다.

돌베개라는 단어를 보면 고故 장준하 선생이 떠오릅니다. 일제강점기의 독립운동가이자 대한민국의 정치가, 『사상계』를 창간한 언론인, 사회운동가였습니다.

그는 결혼하고 일주일 만에 자원 입대의 형식으로 일본 학도병으로 강제 징병되었습니다. 고국에 있는 아내에게 자신의 탈출을 알리기 위해 '돌베개'를 암호로 사용하였습니다.

"집에 '돌베개'라고 적은 편지가 전해지면 내가 일본 학도병에서 탈출한 줄 아시오. 그리고 상해로 가서 독립군이 될 줄 아시오."

장준하(1918~1975)는 일제 강점기의 독립운동가이자 대한민국의 정치가, 종교인, 언론인, 사회운동가이다.

장준하 선생은 탈영 후 일본군의 수배를 피해 이동해야 했습니다. 밤하늘의 별을 보며 야곱의 돌베개를 생각했습니다. 나라를 잃은 부끄러운 선조들의 모습을 반성하며 자신은 후손에게 부끄럽지 않은 사람이 되자고 다짐했습니다. 그래서 그의 자서전 제목이 『돌베개』입니다.

형 에서에게서 도망쳐 밧단아람에 도착한 야곱은 사랑하는 라헬을 얻기 위해 무려 14년간 외삼촌 라반의 밑에서 일을 했습니다. 외삼촌인 라반이 여러 모로 야곱을 속이자 야곱은 라반 몰래 가족들을 데리고 고향으로 떠납니다.

그런데 외삼촌이자 장인이 된 라반이 뒤쫓아왔습니다. 자신의 수호신상인 드라빔이 없어진 것을 뒤늦게 알고 야곱이 훔쳐 간 것으로 의심하였기 때문입니다.

라반에게 드라빔은 수호신상이자 장자권이었습니다. 고대에 동물이나 식물의 상징인 토템을 숭배하는 사회체계 및 종교 형태를 토테미즘totemism이라고 하는데 이 드라빔이 라반에게는 토템이었습니다.

사실 드라빔을 훔친 것은 야곱이 아닌 라헬이었습니다. 딸이 아버지가 소중하게 여기는 드라빔을 훔쳐 나온 것입니다. 그 이유도 바로 장자권 때문이었습니다.

라헬은 자신이 낳은 아들 요셉이 위로 10명이나 되는 형들을 제치고 장자권을 차지하기를 원했습니다. 드라빔이 장자의 상징이므로 그 드라빔을 통해서 요셉이 장자의 축복을 받도록 하고 싶었던 것입니다. 이렇게 보면 라헬의 기질이 어쩌면 그렇게 남편 야곱과 똑같은지 모릅니다. 이럴 때 사용하는 말이 부창부수夫唱婦隨입니다.

그런데 진정한 복의 사람은 하나님 안에서 복을 구해야 합니다. 시편 1편은 참된 복을 구하는 자에 대해서 말해주고 있습니다. "먼저 holiness거룩을 추구하라 그러면 happiness행복는 따라온다." 이것이 성경의 가르침입니다. 하나님께 순종하며 영적인 복을 추구하면 물질은 덤으로 주어지는 것입니다.

야곱이 하나님의 얼굴을 보고 이스라엘이 되다

앞에서 벧엘 사건을 이야기했는데, 야곱의 인생에서 기억해야 하는 또 하나의 사건이 브니엘 사건입니다. 앞에서 '엘'은 하나님을 뜻한다고 했지요? 그럼 '브니'는 무엇일까요? 브니는 얼굴이란 뜻입니다. 그러니까 '브니엘'은 하나님의 얼굴이란 뜻이죠.

야곱이 고향으로 돌아오는 길에 천사와 씨름을 하게 됩니다. 동이 틀 때까지 천사와 씨름하면서 결사적으로 축복을 구하였습니다. 그리하여 "네가 하나님과도 겨루어 이겼고, 사람과도 겨루어 이겼으니 이제 네 이름은 야곱이 아니라 이스라엘이다창32:28"라는 말을 들으며 '이스라엘'이라는 새로운 이름을 받았습니다. 야곱은 자신이 하나님을 대면하여 만났다면서 그곳을 '브니엘'이라 불렀습니다.

그 사건 이후 야곱은 에서를 만나서 용서를 구하는데 "형의 얼굴을 보니 하나님의 얼굴을 보는 것 같다"고 말했습니다. 우리가 간절히 하나님의 얼굴을 구하면 원수도 하나님의 얼굴로 보입니다. 이렇듯 우리는 모든 일을 하나님의 관점으로 보는 법을 배워야 합니다. 하나님의 관점은 우리가 원래 알고 있던 지식까지도 새롭게 하기 때문입니다.

> 나의 생각은 너희의 생각과 다르며, 너희의 길은 나의 길과 다르다. 하늘이 땅보다 높듯이, 나의 길은 너희의 길보다 높으며, 나의 생각은 너희의 생각보다 높다. 사55:8-9

야곱은 형 에서와의 재회 후 세겜에 이르러 장막을 치면서 은 백 냥을 주고 장막 친 그 밭을 사서 머물렀습니다. 그 시기 야곱의 딸 디나가 세겜 땅 사람들을 보러 나갔다가 성폭행을 당합니다. 야곱의 아들 중 시므온과 레위는 그 일에 대한 보복으로 세겜 성안의 남자들을 속인 후에 모조리 죽입니다.

야곱은 정신을 차리고 다시 벧엘로 올라갔습니다. 이때 야곱은 가족과 거느리고 있는 모든 사람에게 "너희가 가지고 있는 이방 신상들을 다 버려라, 몸을 깨끗이 씻고 옷을 갈아입으라창35:2"라고 명령합니다.

그리고 하나님 앞에 제단을 쌓고, 자기들이 가지고 있는 모든 이방 신상을 상수리나무 밑에 묻었습니다. 라헬의 드라빔도 함께 묻었습니다. 더 이상 그런 것들을 의지하지 않고 하나님만 의지하기로 야곱의 모든 일행이 결단한 것입니다.

이후 야곱의 아내 라헬이 산고에 시달리다가 아들을 낳고 마지막 숨을 거두면서 아들의 이름을 베노니라고 했으나 야곱은 베냐민으로 고쳐 불렀습니다창35:18. 베노니는 '슬픔의 아들'이란 뜻입니다.

라헬 입장에서 보았을 때, 갓 태어나는 아들에게는 배다른 형들이 10명이나 있고, 계모가 3명이나 됩니다. 그런데 여기서 자기가 죽고 자기가 낳은 아들의 양육을 끝까지 책임지지 못하면, 과연 이 아들이 그들의 등쌀을 이겨내며 잘 살아갈 수 있을까 하는 절망과 슬픔이 담긴 이름이었습니다.

야곱은 사랑하는 아내의 죽음을 지켜보면서 "라헬! 걱정하지 말아요. 나도 맨주먹에서 시작했지만 이렇게 축복의 사람이 되었듯이 베냐민도 걱정하지 말아요. 그리고 하나님이 함께하시잖아요. 오른손의 아들 베냐민을 하나님이 붙드시고 복 주심을 믿으세요"라고 위로했을 것입니다.

그렇게 베노니는 베냐민이라는 이름으로 바뀌게 되었습니다. 벤은 '△△의 아들'이란 의미로 베냐민은 '오른손의 아들'입니다. 이스라엘의 초대 왕이었던 사울 왕이 베냐민 지파이고, 전도자 사도 바울이 베냐민 지파 사람입니다.

◎ ◎ ◎

유대인들은 지난 2천 년간 나라 없이 방랑하다가 1948년 정식으로 세계에 이스라엘 공화국이란 이름으로 건국을 선포했습니다. 오랜 세월을 한곳에 정착하지 못하고 이곳저곳으로 쫓겨 다니며 방랑했던 역사가 그들의 조상 야곱의 삶과 많이 닮아있습니다. 야곱이 이스라엘의 가장 사랑받는 사람이 된 것은 유대 민족이 오랜 세월을 나라 없이 방랑하면서도 야곱처럼 언젠가는 벧엘과 브니엘의 사람이 될 것이라는 믿음과 소망으로 그 힘든 세월을 버텨왔기 때문입니다.

4편

요셉 : 하나님 안에서 형통을 경험한 자

요셉의 옷과 신분

하나님이 죄를 범한 아담과 하와에게 가죽옷을 입혀주었던 일을 기억하지요? 옷에는 여러 가지 기능이 있습니다. 우선 수치를 가리고, 추위를 막아주기도 하지만 멋을 내고 신분을 나타내기도 합니다. 오랫동안 옷은 사람의 신분을 나타내는 것이었습니다.

요셉Joseph이 입은 옷이 채색옷입니다. 우리나라의 색동옷과 같은 옷입니다. 그 요셉의 색동옷은 사실 장남을 상징하는 옷이었습니다. 그러나 인격이 그 사람의 진짜 신분을 말해주는 것이지 옷이 신분의 모든 것을 말하지는 않습니다.

요셉의 옷은 여러 번 바뀝니다. 처음 색동옷으로 시작해서 노예옷으로 바뀌고, 나중에는 죄수복까지……. 요셉이 30세 때는 이집트 총리의 옷(세마포)을 입게 되었지요. 고대 근동에서는 30세가 되어야 지도자나 공적인 일을 시작할 수 있었습니다.

흰색은 하나님 앞에 정결하고 거룩한 민족을 상징합니다. 그래서 흰옷 세마포는 왕이나 개선장군, 존귀한 자가 입습니다. 그리고 제사장들이 입습니다. 요셉이 이집트의 국무총리가 되어 입은 옷이 요한계시록의 흰옷 세마포였습니다.

요한계시록에서는 성도를 승리한 군대, 순결한 신부로 축복하는데 모두 흰옷 세마포를 입고 있습니다.계19:8 구원의 옷은 내가 입는 것이 아니라 하나님이 입혀주시는 것입니다. 구원의 옷은 신분의 전환, 인생의 전환을 가져옵니다. 그렇게 구원의 옷을 입은 사람에게는 기름 부음이 있습니다. 그러므로 하나님의 자녀로 부르심을 받은 사람들은 하나님의 사명자 신분으로 일해야 합니다.

> 신랑에게 제사장의 관을 씌우듯이, 신부를 패물로 단장시키듯이, 주님께서 나에게 구원의 옷을 입혀주시고, 의의 겉옷으로 둘러주셨으니, 내가 주님 안에서 크게 기뻐하며, 내 영혼이 하나님 안에서 즐거워할 것이다. 사61:10

이름으로 보는 인생, 하나님의 뜻

각 사람의 이름에는 뜻이 있습니다. 자녀의 이름에는 부모의 바람이나 역사적 정황 등이 담겨 있기 마련입니다. 요셉의 이름에는 '더함'이라는 뜻이 담겨 있는데 아들을 더해 달라는 엄마 라헬의 간절한 마음을 살필 수 있습니다.

요셉의 아들 므낫세는 '잊어버리고 용서한다'라는 뜻입니다. 마음의 아픔과 상처, 고난을 모두 잊고 용서하겠다는 요셉의 마음이 담겨 있습니다. 요셉의 둘째 아들 에브라임은 '창대하다'라는 뜻으로 하나님이 심히 창대하게 하셨다는 고백이 담겨 있습니다.

그래서 므낫세와 에브라임의 이름을 합치면 요셉의 인생이 보입니다. "모든 고난을 잊고 용서했더니 하나님이 이렇게 창대하게 하셨다"는 고백이지요.

성경에 등장하는 인물의 이름을 보면 처음에는 뜻을 가지고 자녀의 이름을 지었고, 후에는 선조의 이름을 많이 사용했습니다. 예를 들면 사가랴가 세례 요한의 이름을 지을 때 주위에서 "우리 조상 중에는 그런 이름을 쓰는 사람이 없다"고 말하는 장면이 나옵니다.

저는 아들의 이름을 은혜와 진리에서 가져와서 은진으로 지었고, 딸의 이름은 혜리라고 지었습니다. 아들이 처음에는 은진이라는 이름이 여자 이름 같아서 싫다고 했는데 지금은 참 좋은 이름으로 믿어진다고 합니다. 문익환 목사님과 시인 윤동주가 다녔던 학교가 북간도의 은진중학교였으니 괜찮은 이름이지요?

요셉의 아들들과 라이벌을 이루는 지파가 남유다 왕조를 이룬 유다 지파입니다. 출애굽 시기에 요셉과 유다 지파는 성막을 중심으로 좌우로 배치되어 있어서 서로 다투지 않게 하였습니다.

창세기를 읽어보면 37장 마지막 절인 36절과 39장 1절의 내용이 요셉의 이야기로서 자연스럽게 연결됩니다. 그런데 그 중간인 38장에 난데없이 유다와 다말의 이야기가 나옵니다. 샌드위치처럼 어떤 의도를 가지고 중간에 끼워 놓았다는 것을 알 수 있습니다.

에스라가 바벨론 포로귀환 때 가져온 성경이 구약성경의 기본이 되었는데, 창세기 37장과 38장에서는 순전한 요셉과 추악한 유다의 모습이 대조되고 있습니다. 요셉은 보디발의 아내의 유혹을 이겨냈습니다. 그러나 라이벌인 유다는 아내가 죽고 나서 며느리 다말을 몸을 파는 여자로 착각해서 그와 동침했습니다.

유다가 나중에 다말의 임신 사실을 알고 나서 자신의 잘못을 인정하고 회개한 것은 높이 살만합니다. 씨족사회에서는 가장의 재판이 최고의 권위를 가집니다. 유다는 가장으로서 얼마든지 며느리 다말을 처형해버리고 자신은 무죄하다고 말할 수 있었습니다. 하지만 유다는 그렇게 하지 않았습니다. 다말의 옳음을 인정하고 자기의 죄를 고백했습니다. 그리고 다시는 다말을 가까이하지 않았습니다.

이 부분에서 우리는 회개하는 자를 세워서 사용하는 하나님을 볼 수 있습니다. 하나님은 순전한 요셉도 사용하고 회개한 유다도 사용하였습니다.

비슷한 일이 다윗에게도 있었습니다. 우리야는 다윗의 충직한 장수였는데 그의 아내 밧세바를 범했습니다. 다윗이 자신의 죄를 덮으려고 했을 때 우리야는 전쟁터에서 싸우고 있는 병사들을 생각하며 "나만 어찌 집에서 아내와 편히 잘 수 있겠는가?"라고 생각하면서 집에 들어가지 않았습니다.

저는 우리야를 생각하면 성산聖山 장기려 박사가 생각납니다. 제가 목회하는 성산교회와 이름이 같습니다. 장기려 박사는 남북이산가족상봉 행사 때 북에 있는 자녀들과 상봉 신청을 거절했습니다. 그 이유는 '자신만 특권을 누리지 않겠다'는 생각 때문이었습니다. 그는 먼저 그의 나라와 그의 의를 구한 사람이었습니다. 다행히 북한에 남아 있는 가족들도 잘살고 있었다고 합니다.

하나님은 회개한 다윗의 죄를 용서하고, 밧세바에게서 태어난 솔로몬을 왕으로 세웠습니다. 완벽한 용서입니다. 유다와 며느리 다말의 사이에서 태어난 아들 베레스의 계보가 다윗과 솔로몬으로 이어집니다. 하나님은 철저히 회개하고 돌이킨 사람을 처음부터 순전했던 요셉과 똑같이 대우해 주었습니다.

유다라는 이름은 '찬송'이라는 뜻입니다. 이후로도 요셉 지파와 유다 지파의 경쟁 구도는 장자권이나 왕권 계승에서 계속됩니다. 여호수아는 에브라임 지파 사람이고, 갈렙은 유다 지파 사람입니다.

레위Levi라는 이름은 '연합'이라는 뜻으로 본래 남편과의 연합을 의미하며 지은 이름입니다. 하지만 하나님은 레위를 제사장 지파로 사용하여 하나님과 사람을 연합하게 하였습니다. 인간의 욕심을 담아서 지은 이름이지만 하나님께서 선하게 바꿔주신 것입니다. 사람이 그리스도와의 연합할 수 있다는 것은 기적입니다. 합력하여 선을 이루시는 하나님의 뜻입니다.

한국 여성들에게 요가yoga는 다이어트나 예쁜 몸을 만들기 위한 운동으로 많이 알려졌지만, 본래는 인도 힌두교의 수련 방법으로 영과 육의 연합, 신과의 합일을 추구합니다. 이처럼 세상의 모든 종교가 신과의 연합을 꿈꾸지만 참 하나님과의 연합은 오직 그리스도 예수 외에는 다른 길이 없습니다.

요셉이 형통한 이유

둘째 증후군(Second Lead Syndrome)은 밖으로 나가서 인정받기를 원하는 둘째의 특징을 표현한 용어입니다. 집안에서 둘째는 첫째와 비교되기 때문에 인정욕구가 강합니다. 둘째에게는 첫째가 스승이기도 하지만 둘째는 첫째를 경쟁자(rival)로 여기며 끊임없이 이기고자 노력하다 보니 첫째보다 둘째가 더 뛰어난 경우도 많습니다.

참고로 헤겔은 "역사는 인정투쟁"이라고 말했습니다. A와

B가 싸우면 패자는 노예가 되거나 죽음을 택합니다. 그 결과 A(승리자)+B(노예)라는 새로운 집단이 만들어지게 됩니다.

요셉에게는 배다른 형님 10명과 싸워 이겨야겠다는 분발 의식이 있었던 것 같습니다. 그리고 친동생 베냐민을 보호할 책임도 있었습니다. 하나님은 뛰어나면서도 갈급한 마음이 있는 사람을 사용합니다. 이스마엘이 아닌 이삭을, 에서가 아닌 야곱을, 르우벤이 아닌 요셉을 사용하셨습니다.

이스라엘은 야곱의 열두 아들의 후손들인 열두 지파 공동체로 구성된 부족국가였습니다. 열두 지파 가운데 레위 지파를 제사장 지파로 구별하여 따로 세우고, 대신 요셉 지파를 요셉의 두 아들인 에브라임 지파와 므낫세 지파로 나누었습니다. 맏아들 르우벤 대신 장자가 된 요셉은 이스라엘의 두 지파를 이루는 갑절의 축복을 받은 것입니다. 요셉은 자신의 약점을 분발 의식과 책임감으로 변화시킨 사람입니다.

스티븐 코비는 『성공하는 사람들의 7가지 습관』이란 책에서 성공하는 사람의 성공 요인 중 지식(knowledge)이나 전문기술(technique)은 7%에 불과하고, 태도(attitude)가 93%의 성공 요인이 된다고 했습니다. 요셉은 그런 성공의 태도를 가진 사람이었습니다.

다윗 역시 하나님 앞에 바른 태도를 가진 사람이었습니다. 그는 시편에서 "나의 아버지와 나의 어머니는 나를 버려도 주님은 나를 돌보아 주십니다시27:10"라는 고백을 했는데, 하나님은 이새의 아들들 중에 장자 엘리압이 아닌 다윗을 선택해서 사용했습니다. 이것이 성경의 원리입니다.

요셉은 당시 이스라엘이라는 작은 부족의 아들이었지만 이집트의 총리가 되어 세계를 통치하는 사람이 되었습니다. 그는 형들에게 꿈쟁이라고 불릴 정도로 어려서부터 큰 꿈이 있었습니다. 어릴 적에는 금수저로 아버지의 사랑을 독차지하며 채색옷을 입었지만 만일 이집트에 노예로 팔려 가서 흙수저의 삶을 겪어보지 않았다면 평생을 꿈꾸는 자로만 남았을지도 모릅니다.

하나님이 사용하는 사람에게는 준비 과정이 있습니다. 그런 사람은 하나님께서 특별히 돌보시는데 그것을 주변의 사람이 알아차립니다. 요셉에게 하나님이 함께하신다는 것을 하나님을 모르는 주인 보디발도 알아보았습니다.

보디발이 요셉에게서 하나님을 본 것처럼 불신자들이 우리에게서 예수님을 볼 수 있도록 해야 합니다. 여러분은 주변 사람들에게 "목사님 같다", "예수님 같다"는 말을 자주 듣기를 바랍니다. 요셉처럼 믿음 안에서 정직하고 바르게 살면 먼저 얼굴빛이 달라지고, 사람들이 알아봅니다.

> 주님께서 요셉과 함께 계셔서 앞길이 잘 열리도록 그를 돌보셨다. 요셉은 그 주인 이집트 사람의 집에서 살게 되었다. 그 주인은 주님께서 요셉과 함께 계시며, 요셉이 하는 일마다 잘되도록 주님께서 돌보신다는 것을 알았다. 창 39:2

성경의 인물 가운데 형통한 사람을 꼽으라면 요셉의 이름을 가장 먼저 떠올립니다. 형통亨通을 쉽게 말하면 막힌 것이 뻥 뚫리는 것입니다. "여호와께서 요셉과 함께하시므로 그가 형통한 자가 되었다창39:2"라는 성경의 표현은 사실 쉽게 이해하기 힘든 표현입니다. 왜냐하면 당시 요셉은 이집트의 노예로 팔려 가서 종살이를 하고 있었기 때문입니다. 그런데 하나님의 생각은 우리의 생각과 다를 수 있습니다.

성경에서 말하는 형통은 그 사람의 신분이나 현재 상황을 이야기하는 것이 아니라 '하나님이 함께하심'을 의미합니다. 하나님이 함께하시면 모든 일이 정오의 대로와 같이 활짝 열리게 됩니다.

"성령이 너희에게 임하시면 너희가 권능을 받고행1:8"에서 권능이라는 말의 원어는 헬라어로 두나미스δυναμις입니다. 이 단어는 폭발물로 유명한 다이너마이트dynamite의 어원이기도 합니다. 즉, 성령의 능력은 다이너마이트처럼 강력한 것입니다. 그래서 형통한 사람에게는 앞길을 가로막고 있는 것처럼 보이는 높은 산도 아무런 걸림돌이 되지 못합니다.

우리도 요셉과 같은 형통한 삶을 살기 위해서는 먼저 기도해야 합니다. "하나님, 요셉처럼 저와 함께해주세요. 저에게 은혜를 베풀 자를 만나게 하시고, 그 사람들이 저를 사용하게 해주세요." 그리고 기도대로 살아가면 됩니다. 성실하게 실력도 갖추어 나가야 합니다.

요셉의 형통의 비결 중 하나는 억울한 일을 당하는 동안 사람을 원망하지 않았다는 점입니다. 만약 제가 요셉과 같은 처지가 되었다면 억울해서 화병火病이 났을 것 같은데 말이죠.

요셉이 보디발의 부인에게서 유혹을 받은 일만 해도 그렇지요. 요셉은 하나님의 이름으로 유혹을 단호하게 거절했습니다.

> "이 집안에서는, 나의 위에는 아무도 없습니다. 나의 주인께서 나의 마음대로 하지 못하게 한 것은 한 가지뿐입니다. 그것은 마님입니다. 마님은 주인어른의 부인이시기 때문입니다. 그런데 내가 어찌 이런 나쁜 일을 저질러서 하나님을 거역하는 죄를 지을 수 있겠습니까?" 창39:9

그럼에도 불구하고 억울한 누명을 쓰고 감옥에 갇히게 되었지요. 노예에서 죄수로, 요셉의 인생은 더 깊은 나락으로 떨어지고 말았습니다. 연단도 그런 연단이 없지요. 하지만 요셉의 수감 기간 동안 하나님은 요셉을 더 좋은 만남으로 인도했습니다.

감옥에서 요셉은 왕의 술 맡은 관원과 떡 맡은 관원을 만나게 되었습니다. 당시는 독살이 많은 시대였습니다. 그렇기에 왕의 술 맡은 관원과 떡 맡은 관원은 아무에게나 주는 벼슬이 아니었습니다. 절대적으로 신뢰할 수 있는 자들에게 주는 고위 관직이었습니다.

그런 사람들과 함께하는 요셉의 감옥생활은 어땠을까요? 지식과 지혜, 경험이 풍부한 관리들을 만나 교제하면서, 요셉은 나랏일에 대한 많은 것들을 배우게 되었습니다. 나중에 총리의 역할을 할 수 있도록 특별히 준비되는 시간이었던 것입니다. 이처럼 하나님이 하시는 일은 참으로 놀랍습니다.

요셉은 총리가 된 다음에 온의 제사장의 딸과 결혼합니다. 이집트의 바티칸이라고 부를 수 있는 온은 '헬리오 폴리스 helio-polis'로 이집트의 종교적 수도입니다. 이곳 제사장의 권력 서열은 이집트 왕 다음입니다. 요셉은 이집트에서 이방인이었기에 정치적 기반이 없었습니다. 그런데 온 제사장의 딸과 결혼하면서 정치적으로 활동할 수 있는 기반을 얻었습니다.

요셉이 이집트의 총리가 되었을 때, 그는 누구에게도 보복하지 않았습니다. 보디발의 부인도 용서했고, 자신을 노예로 팔아넘긴 형들에게도 나쁜 마음을 품지 않았습니다. 오히려 그들을 간곡한 말로 위로하였습니다. 요셉은 자신의 두 아들의 이름처럼 '므낫세'하고 '에브라임'하였습니다. 즉, 잊어버리고 용서하니까 하나님이 창대하게 하셨습니다.

> 두려워하지 마십시오. 내가 하나님을 대신하기라도 하겠습니까? 형님들은 나를 해치려고 하였지만, 하나님은 오히려 그것을 선하게 바꾸셔서 오늘과 같이 수많은 사람의 생명을 구원하셨습니다. 창50:19-20

요셉과 김대중 전 대통령

요셉의 그런 모습을 볼 때, 저는 억울한 사형 선고를 받았으면서도 보복 정치를 하지 않았던 김대중 전 대통령이 생각납니다.

1980년 전두환 신군부 세력은 정권을 강탈하기 위해 김대중 내란음모 사건을 조작했습니다. 야당 정치인이었던 김대중 씨는 주동자로 몰려 그해 5월 17일에 연행돼 9월 17일 사형선고를 받았습니다.

그는 수감 생활을 하는 동안 아내와 가족에게 29통의 편지를 보냈는데, 나중에 『옥중서신』이란 책으로 출판되었습니다. 그 책을 읽어보면 부인 이희호 여사가 장로였는데 두 분의 만남이 얼마나 귀한 만남인지 알 수 있습니다. 그의 편지에 이런 대목들이 있습니다.

"나는 박(정희) 정권 아래서 가장 가혹한 박해를 받은 사람이지만 나에 대한 납치범, 자동차 사고 위장에 의한 암살 음모자들, 기타 모든 악을 행한 사람들을 하느님의 사랑과 용서에 따라 일체 용서할 것을 선언했다."

김대중 전 대통령 (1924~2009)

"나는 나의 그리스챤(기독교인)으로서의 신앙과 우리 역사의 최대 오점인 정치보복의 악폐를 내가 당한 것으로 끝마쳐야겠다는 신념을 … 투옥된 후 굳게 하며 그 이후에 일관했다."

"지금 나를 이러한 지경에 둔 모든 사람에 대해서도 어떠한 증오나 보복심을 갖지 않으며 이를 하나님 앞에 조석朝夕으로 다짐한다."

"나는 결코 실망하지 않는다, 하나님만은 진실을 알고 계시기 때문이다."

"하느님은 나의 행적대로 심판하실 것이고, 우리 국민도 어느 땐가 진실을 알 것이며 역사의 바른 기록은 누구도 이를 막지 못할 것이다."

훗날 재심을 통해 무죄를 선고받은 김대중 씨는 대통령에 당선 되었는데, 그는 집권 이후 박정희 전 대통령의 가족과 측근은 물론 전두환·노태우 전 대통령을 포함한 그 누구에게도 정치 보복을 하지 않았던 것으로 유명합니다. 복수하지 않겠다던 신념을 하나님 앞에서 지켜낸 것입니다. 요셉처럼 말입니다.

조기 신앙 교육의 중요성

요셉이 110년을 살았습니다. 그가 죽을 때 "하나님께서 반드시 이스라엘을 이집트 땅에서 인도하여 내셔서 아브라함과 이삭과 야곱에게 맹세하신 땅에 이르게 하실 것이다창50:24" 라고 유언을 하는 장면을 보면, 우리는 요셉의 평생의 꿈이 무엇이었는지를 짐작할 수 있습니다.

요셉은 유년 시절을 제외하고는 이집트 땅에서 평생을 살았습니다. 당시 최고 문명의 나라에서 최고위층으로서 모든 것을 누리며 살았습니다. 그런데도 요셉은 이집트라는 나라에 마음을 뺏기지 않았습니다. 하나님의 약속을 한시도 잊지 않고 뼛속까지 하나님 나라를 꿈꾸며 살았습니다. 요셉의 생각은 이러했습니다.

> '만일 우리 백성들이 영원히 이집트에 정착해서 살면 이집트 사람들의 문화와 제도에 물들어버려 하나님을 따라 살 수 없을 것이고 하나님 나라도 이룰 수 없을 것이다. 분명 언젠가 하나님께서 이 이집트 땅을 떠나게 하실 때가 올 텐데, 그때가 되어서 나의 후손들이 이집트가 좋다면서 그냥 이집트에 눌러 살겠다고 고집을 부리면 어떻게 하지?'

그래서 요셉은 죽으면서까지 후대를 생각하며 유언을 남겼던 것입니다. 그날이 오면 자신의 유골을 이집트 땅에서 옮겨서 약속의 땅으로 가지고 가야 한다는 맹세까지 시키면서 말입니다.

덕분에 이스라엘 백성들은 이집트 땅에 살면서도 요셉의 무덤을 볼 때마다 '우리는 언젠가 저 무덤 안의 유골을 갖고 나가야 하는데…….' 하면서 하나님의 약속을 잊지 않고 기억할 수 있었습니다. 어떤 면에서 요셉은 죽어서까지 이스라엘 백성들을 교육했던 것입니다.

실제로 요셉이 죽고 나서 오랜 세월이 흘러 드디어 출애굽을 할 때, 그의 후손들은 잊지 않고 그의 유골을 함께 가지고 그가 꿈꾸던 약속의 땅으로 향하게 됩니다.

> 모세는 요셉의 유골을 가지고 나왔다. 요셉이 이스라엘 자손에게 엄숙히 맹세까지 하게 하며 "하나님이 틀림없이 너희를 찾아오실 터이니, 그때에 너희는 여기에서 나의 유골을 가지고 나가거라" 하고 말하였기 때문이다. 출13:19

요셉이 인생의 대부분을 이집트에서 살았음에도 불구하고, 어렸을 적에 자라난 고향 땅을 늘 기억하며 그 땅이 장차 돌아갈 하나님 나라라 확신한 것은 조기 신앙교육 덕분입니다. 요셉은 어린 시절 아빠 야곱의 품에서 자라면서 "너희 증조할아버지 아브라함이란 분이 말이야…, 너희 할아버지 이삭이란 분이 말이야…, 또 네 아빠인 나는…" 하면서 하나님이 그의 가문을 어떻게 인도하셨는지를 듣고 배우며 믿음을 키웠습니다.

가정에서의 신앙 교육이란 것이 이렇게나 중요합니다. 부모의 품에서부터 자녀들을 하나님의 사람으로 교육해내야 합니다. 그래야 자녀들이 자라서도 하나님의 길을 떠나지 않게 됩니다.

> 마땅히 행할 길을 아이에게 가르치라 그리하면 늙어도 그것을 떠나지 아니하리라 잠22:6

5편

예수 그리스도 : 역사의 시작과 끝이신 분

역사에서 가장 중요한 인물

성경에서 가장 중요한 인물은 예수 그리스도입니다. 역사에서 가장 중요한 인물도 예수 그리스도입니다. 그분은 역사의 시작과 끝이며, 역사의 중심이기 때문입니다. 성경의 모든 인물은 결국 예수님을 향합니다. 예수님 닮은 삶을 보여 주어서 예수님의 예시를 보여주는 인물이 있는가 하면, '저렇게 살면 안 되겠다' 하는 반례를 보여주는 인물도 있습니다.

세계 역사를 보면 사람들은 늘 훌륭한 왕, 위대한 리더를 고대합니다. 그들의 마음 가운데 진정한 왕과 그들 인생의 구원자를 갈망하는 마음이 있기 때문입니다. 안타깝게도, 사람들의 기대와는 다르게 세상의 왕과 리더들은 늘 사람들을 실망시킵니다. 진정한 왕, 우리 인생의 구원자는 따로 있기 때문입니다. 바로 그리스도 예수입니다.

제가 여러 가지 말로 설명하는 것보다 성경에서 말씀하고 있는 내용으로 대신하는 것이 좋겠다는 생각을 합니다. 예수님께서 왜 역사의 시작이고 끝이시며 중심이신지 깨닫길 바랍니다.

① 예수님은 창조의 하나님입니다.

태초에 하나님이 천지를 창조하셨다. 창1:1

태초에 '말씀'이 계셨다. 그 '말씀'은 하나님과 함께 계셨다. 그 '말씀'은 하나님이셨다. 그는 태초에 하나님과 함께 계셨다. 모든 것이 그로 말미암아 창조되었으니, 그가 없이 창조된 것은 하나도 없다. 창조된 것은 그에게서 생명을 얻었으니, 그 생명은 사람의 빛이었다. 요1:1-4

② 예수님은 종말의 하나님입니다.

나는 알파며 오메가, 곧 처음이며 마지막이요, 시작이며 끝이다. 계22:13

③ 예수님은 과정(과거와 현재, 미래)의 하나님입니다.

예수 그리스도께서는 어제나 오늘이나 영원히 한결같은 분이십니다. 히13:8

④ **예수님은 생명의 하나님입니다.**

예수께서 마르다에게 말씀하셨다. "나는 부활이요 생명이니, 나를 믿는 사람은 죽어도 살고, 살아서 나를 믿는 사람은 영원히 죽지 아니할 것이다. 네가 이것을 믿느냐?" 요11:25-26

⑤ **예수님은 진리의 하나님입니다.**

예수께서 그에게 말씀하셨다. "나는 길이요, 진리요, 생명이다. 나를 거치지 않고서는, 아무도 아버지께로 갈 사람이 없다." 요14:6

진리로 그들을 거룩하게 하여 주십시오. 아버지의 말씀은 진리입니다. 요17:17

역사는 예수님을 중심으로 수렴하고 확산한다

성경은 여러분이 지금껏 배워온 것처럼 이스라엘을 중심으로 펼쳐지는 세계의 역사입니다. 그런데 일반적인 역사가 아닌 하나님의 구원 역사입니다. 신학 용어로 구원사라고 합니다. 구원사란 온 세상이 죄 가운데 빠져 있을 때 하나님께서 왕이신 예수님을 보내어 인간의 죄의 역사를 하나님의 구원 역사로 바꾼 것을 말합니다.

세계의 역사는 예수님에게로 수렴되고 예수님에게서 확산하였다고 볼 수 있습니다. 풀어서 설명하면, 구약(Old Testaments)시대 즉 예수님 탄생 이전의 성경의 세계사는 이스라엘의 역사로 모아졌습니다. 메시아 탄생을 향해 수렴한 것이지요. 그러나 예수님이 오신 후의 신약(New Testaments) 시대에는 예수님의 구원의 역사가 예루살렘에서 땅 끝까지, 이스라엘 민족에게서 전 세계의 역사로 확산하여 펼쳐졌습니다.

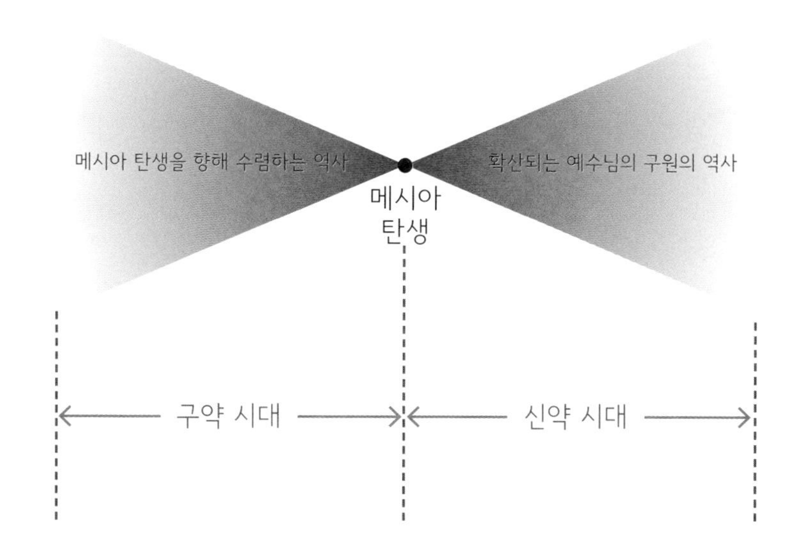

예수님에게서 확산한 역사가 이 한반도 땅에까지 닿아 우리 민족도 예수님을 알게 되었습니다. 예수님을 믿는 신앙은 우리 사회에 지대한 영향을 끼쳤습니다. 귀신론, 숙명론을 떨쳐 버리고, 하나님의 도우심을 의지하며, 할 수 있다는 마음으로, 우리의 삶과 사회를 개척해낼 수 있었습니다.

안중근 의사, 유관순 열사, 이승만 대통령, 김대중 대통령, 장기려 박사, 김교신 선생 등 수많은 믿음의 선배들이 하나님의 뜻을 이 땅 가운데 이루기 위해 분투하였습니다.

그분들의 삶은 역사로 남아 있습니다. 저와 여러분이 그 역사의 산 증인이자 열매입니다. 그분들이 계셨기에 우리나라가 있을 수 있었고, 그분들이 계셨기에 우리가 예수님을 믿을 수 있었습니다. 그리고 그 모든 역사의 중심에는 예수님이 계십니다. 성경뿐만 아니라 이 세상의 모든 역사의 중심은 예수님이심을 우리는 결코 잊어서는 안 될 것입니다.

> 영접하는 자 곧 그 이름을 믿는 자들에게는 하나님의 자녀가 되는 권세를 주셨으니 요1:12

역사의 중심이신 예수님을 모시고, 예수그리스도와 진리를 위해 살다가, 어느새 역사의 영웅이 되는 여러분이 되시기를 축복합니다.

참고서적

김동주 『기독교로 보는 세계 역사』 킹덤 북스
조병호 『성경과 5대 제국』 통독원
민경배 『한국기독 교회사』 연세대 출판부
이석우 『기독교 사관과 역사의식』 성광문화사
주경철 『문화로 읽는 세계사』 사계절
차하순 『서양사 총론』 탐구당
차하순 『역사의 본질과 인식』 학연사
차하순 편저 『사관이란 무엇인가』 청람
한영우 『다시 찾는 우리역사』 경서원
함석헌 『뜻으로 본 한국 역사』 한길사
롤란드 베인턴 『세계교회사』 크리스챤 다이제스트
리처드 에번스 『역사학을 위한 변론』 소나무
브루스 셸리 『현대인을 위한 교회사』 크리스챤 다이제스트
스티븐 버트먼 『동굴에서 들려오는 하프소리』 한길사
E. H. 카아 『역사란 무엇인가』 청년사
허버트 버터필드 『크리스천과 역사해석』 대한기독교출판사
마르크 블로흐 『역사를 위한 변명』 한길사
사마천 『사기』 삼성출판사
아놀드 토인비 『역사의 연구 1, 2』 삼성출판사

성경으로 풀어가는 역사 인문학

지은이 서대인

편　집 강혜숙, 이달현, 이한민, 정해영, 이송용
디자인 김병학

펴낸곳 순리유한회사

초판 1쇄 인쇄 2022년 11월 25일
초판 1쇄 발행 2022년 12월 1일

출판신고 2022년 2월 24일 제477-2022-000001호

주소 56011 전라북도 순창군 구림면 금상길 7-2
이메일 soonlee.life@gmail.com
전화번호 070-7556-1347

ISBN 979-11-980637-0-0

가격은 뒤표지에 있습니다.
잘못 제본된 책은 바꾸어드립니다.

웹사이트 http://www.soonlee.net
쇼핑몰　http://smartstore.naver.com/soonlee

도서출판순리는 순리유한회사의 브랜드입니다.